中央保育员

日记

ZHONGYANG BAOYUYUAN RIJI

李轶明　原著

王金昌　整理

人民出版社

责任编辑：孙兴民
版式设计：东昌文化
责任校对：张　彦

图书在版编目（CIP）数据

中央保育员日记／李轶明 原著；王金昌 整理 .
　－北京：人民出版社，2014.6
ISBN 978 - 7 - 01 - 013425 - 3

I. ①中… 　II. ①李…②王… 　III. ①李轶明－日记②幼儿园－
　史料－延安市 　IV. ① K825.46 ② G619.29

中国版本图书馆 CIP 数据核字（2014）第 069897 号

中央保育员日记
ZHONGYANG BAOYUYUAN RIJI

李轶明 原著　王金昌　整理

人民出版社 出版发行
（100706　北京市东城区隆福寺街 99 号）

保定市北方胶印有限公司印刷　新华书店经销

2014 年 6 月第 1 版　2014 年 6 月北京第 1 次印刷
开本：880 毫米 ×1230 毫米 1/32　印张：9.5
字数：156 千字　印数：0,001 - 8,000 册

ISBN 978 - 7 - 01 - 013425 - 3　定价：26.00 元

邮购地址 100706　北京市东城区隆福寺街 99 号
人民东方图书销售中心　电话（010）65250042　65289539

目　录

摇篮边的守护人
延安精神的传递者

——读《中央保育员日记》

王金昌

1939 年下半年，中国正处于抗日战争的一片硝烟之中，为了让前方出生入死、浴血奋战的将士们安心抗战，中共中央决定在延安创办中央托儿所，曾改为洛杉矶托儿所（1942 年，远在大洋彼岸的洛杉矶爱国华侨及国际友人，给物资匮乏的中央托儿所捐助了一批药品、玩具、食品和生活用品等，为了感谢洛杉矶侨胞和美国友人，有关部门决定将中央托儿所更名为"洛杉矶托儿所"）。原是中央书记处的驻地蓝家坪半山腰上的八九孔窑洞，就成了中央托儿所的诞生地，丑子冈同志被任命为首任所长。这所托儿所随着中共中央从延安辗转至平山县西柏坡，1949 年 4

月又从西柏坡迁至北京海淀区的万寿寺，改名为军委直属机关保育院。

1935 年参加革命的丑子冈同志，是一位 25 岁就成了革命烈士家属继而守寡的杰出女性。她在这所简陋的托儿所中为孩子们付出了自己的满腔柔情和爱心。她凭借自己刚烈的意志与性格，带领一批保育人员，为那个战乱年代的将士们的孩子开辟了一片童年的乐土，她们的柔情与慈爱，成为后来从这里走出的革命后代们弥足珍贵的美好回忆。

日记出于托儿所的保育员小李之手。这位小李同志叫什么名字我们已无法查找清楚，我以"李轶明"谐音"佚名"代替之。从她日记中自叙的阅历看，她

丑子冈和保育院的孩子们

1944年在家乡参加革命，1945年一月到延安即在中央托儿所工作。她略显生涩的手记记录了1948年3月从延安迁至西柏坡，1949年4月又从西柏坡迁到北京万寿寺，自己作为保育员的生活琐事，与同志们的交往，让我们真实地感知这段鲜为人知的历史；同时，还着重记录了她与中央托儿所的创始人丑子冈所长的交往（文中她称丑子冈为妈妈），生动反映了丑子冈同志的高尚品德。

小李为何称丑子冈同志为妈妈，一种可能是她参加工作就跟随丑子冈同志，周围不只她一个人称丑子冈同志为妈妈；另一种可能是，她的未婚夫余继是丑子冈同志的儿子。丑子冈已故丈夫姓余，叫余家永。文中提到，她的小儿子小龙给她写信："不必想哥哥了。"张同志也对她说过，"两个儿子都做机要工作。"因此，余继是丑子冈儿子，小李是丑子冈准儿媳的可能性是比较大的。

据小李日记记载，1948年初，中央托儿所刚从陕北瓦窑堡转移到陕北三交不多久，就因为敌机的轰炸被迫计划再次转移。当时条件极差，孩子们患病的不少，延安又缺药，保育员们都急得团团转。在日记里，有这样生动的记录："防空出了乱子。天阴了，没有地方玩，更没有好的比较干燥一些的地方睡觉，所以大人、孩子的病日见加重了。在护理上有困难，没有护士，又没有房子，所以无法隔离，就把前两天新提拔起来的护士调来管理发烧热病的一切。结果把平常最普通的东西，查体温、登记都搞错了。比如，发烧39.1度被记成了'+9度'。所以在晚饭后6点钟，我又去检查，发现这位护士喂药时又把酒精当作药给孩子吃了。"

在从延安转移到西柏坡的日子里，小李的日记中断了 个月，可见转战途中之艰难困苦。1948年3月15日，托儿所全部幼童和保育人员平安到达河北平山县西柏坡。刚安顿下来，大家又开始马不停蹄地安排开办"全托"，即全日托管的托儿所。小李在日记里并没有详细记录下筹备工作的辛苦，然而我们仍能从只言片语中感受到丑子冈所长带领下的保育人员们的那种艰辛和奉献。小李在日记中记下了这样一件事："早晨两点多钟天还没亮，睡梦中忽听有人叫：'小李、小李，丑主任发烧了，她喉咙痛，你快起来看看她吧。'我挣扎起来匆匆地穿上了衣服，拖上了鞋子，揉揉眼睛跑了过去。她昨天没有休息，很累，今天就病下了。她的病经常是这样的，常常是白天累了，夜里就病了……我时常地劝她多休息。她总是因工作不肯。"

从日记中我们还看到，托儿所作为中央机关的一部分，还紧跟着政治动向，开展了许多学习运动，有"查阶级、查工作、查斗志"的所谓"三查"运动，也有对毛主席的讲话的学习活动。小李认为这些运动和活动对纠风气起到了一定作用，但同时也有过左的倾向。她在日记中就很认真地提到"三查"时出现了"过分民主"和"不民主"的极端现象，人事调动也存在着私人恩怨斗争，等等。

在这本 10 多万字的日记中，小李在记录从陕北到西柏坡又辗转到北京，几年来自己作为保育员的生活琐事、人情世故的同时，还记录了延安整风之后的党风建设，党群关系和干群关系的情况。

中央要转移到河北省平山县西柏坡去的时候，陕北当地老乡箪食壶浆、依依不舍，惜别党中央。这些动人的场景，都被小李在日记中真实生动地记录了下来：

中央离开陕北的时候正值岁末。小李在 1948 年 2 月 9 日的日记中这样写道："旧历年快过完了，这是最后一天的晚上。本是就在这几天之内要出发了，可是今天又下了雪。到处都是离别之际的景象，我们和群众的关系是那样的密切，他们是如此地感到土改后的幸福，体验到了共产党的伟大政策的好。我们在此住了将有半年的时间，用坏了他们不少的东西，而他们听到了我们要走的消息，却又送了我们很多的东西，今晚又送了许多的枣子、花生等物品。"

"村里的老百姓和母亲（丑子冈）有了深厚的情感，如他们有些人说：'我愿我死也不愿叫丑所长走！'另外一个人还说道：'您走到哪里我跟到您哪里！'有的老百姓听说我们将要走了，准备了许多东西送我们吃。"

在除夕夜晚，丑子冈所长也是和保育员们和群众在一起过的。日记是这样记录的：除夕夜晚，"虽然下了雪，同志们还是上山玩去了。这里可以对比我们两个所长吧？一个是生活在大家这里，陪着许多的同志和老百姓，大家一同吃一同玩；另一个则是三十晚上回家去团圆了，家里有儿子、丈夫。回来后没有一个人到她屋子里去。"从这段记载中，我们不难看出，和群众大家庭在一起的干部，群众就拥护和爱戴；脱离群众，只顾自己小家庭的干部，群众就疏远你。

透过这本半个多世纪以前的日记，人们能清楚地看到党和群众之间的深情厚谊。那时，老百姓感到土改后的幸福，从朴素的阶级感情出发愿意跟共产党走；共产党想百姓之所想，惠民而又清廉。这样的政党怎能不获得人民的衷心拥戴？

　　爱情是年轻同志生活中不会缺少的主题。小李记录了身旁几个人不同的爱情经历，有家庭包办婚姻的，有贪恋美色而一时忘记了立场的，更有见异思迁者。小李的思想比较先进，认为自己必须具备了知识和独立的工作本领才有资格接受婚姻，并认为在婚姻中妻子与丈夫应是平等的；对远在前线的恋人，她不掩饰自己浓浓的思念之情，但为了两个人的进步，她宁愿晚结婚和牺牲团聚的机会。在迎接全国胜利，为胜任未来工作，学知识蔚然成风的大环境中，小李想继续学习深造的念头从来没有消失过，并且一直在争取机会。要进北京城了，小李和别的同志一样既兴奋又忐忑不安，告诫自己"要学习各种常识，改正自己在农村形成的散漫等不良习惯，更重要的要防止腐化"。在这本日记中，我们看到的是一位文化程度并不高，然而充满着向上的乐观和进步的激情的女青年，关爱着托儿所的每一个孩子；不管做什么工作，她始终坚持着自己理想的追求；她坚持原则，深深地爱着我们的党，认真地做好组织安排的工作。日记中表现出她坚定正确的政治方向，实事求是的思想路线，全心全意为人民服务的根本宗旨，艰苦奋斗的工作作风。这些不正是延安精神的体现吗？

　　这本保育员日记整理出来了，是否出版呢？我犹豫再三。从日记本身来说，文学性并不强，不只是作者对记录的事情交代不够清晰、完整，语言也不甚通顺，但是其记录的时代、所处的环境，像这样存世的日记已极少见。作者作为延安中央保育院的普通工作人员，能够在战争年代记下这些文字，十分不易。这本横跨三年的日记，记述了作者的一些生活琐事及思想变化，是一部颇具个性的作品，具有相当高的史料价值，对后人了解那个时代普通人的生活、思想、语言风格都很有帮助。对这本保育员日记，我还是决定出版。

　　感谢人民出版社对这本日记的重视，特别是策划部主任孙兴民编审，他在中央党校繁忙的学习中抽暇指导了这本日记的整理。

1948 年

1月3号　星期六

（农历十一月廿三）

早晨，我把昨天晚上会议的意见反映了之后，听汇报的贫雇农小组长说："是的，批评梁欢的工作和经济来源的问题是应当的。我们要坚决地给贫雇农撑腰，撑到底。"

那么整体上有没有错误的地方呢？"没有，但要注意不要叫阶级里的异己分子斗争了贫雇农，这是应当掌握分寸的。"

经过贫雇农小组长的谈话，被提意见的同志都接受了批评，态度也还好，因此今天晚上没有继续向梁欢同志提意见。看来这事就应当交给贫雇农小组去教育的。

晚上漫谈会，会议收获很多。第一点，给了我很大的帮助，如给我提出了意见："工作拖拉，一些小事做得不好……"等。今晚提出的许多意见中，有些不是我主观所犯的错误，但又值得我检讨的。她们对我有许多意见，我自己从来都没有发现，这是脱离群众的表现。第二点，给了我很多教育。有三个同志是一同来的，我们总觉得她们进步慢，但找不出原因何在。她们今天都把对上级的意见说了出来："丑、沈和部长们都看不起我们，因此我们三个常在一起说：'我们死都不进步。看别人，叫这个谈话，又叫那个谈话，从来没有和我们诚诚恳恳地谈过一次话。'所以我们就有一个悲观的想法存在着。"

1月4号　星期日

（农历十一月廿四）

我们现在就要开始自我反省了，在许多地方即要做自我检讨，还要收集意见。几天来，同志们在会上不时指出我的个性缺点，比如："小李对同志们的谈话时常简单化，常常把十句话简成八句说，说问题时常不解释明白，因此引起别的同志对小李的怀疑，如刘萍同志就怀疑小李心太大。"

这也引起了我的注意，我在什么时候最不想做解释呢？自己在对一个问题不满时，或者一件事情是勉强进行的时候，那就最难向对方解释详细。这是很不好的，当对方不了解自己的个性时，容易引起误会。

1月5号　星期一

（农历十一月廿五）

上午的时候，我去了傅连璋部长那里反映了一些意见，当然这些都是日常的生活中的琐事，都是不重要的，我们不要把它看成什么错误。

晚上开始了成分的复查工作。只有两个贫雇农，报告了家庭成分和个人的历史。当他们诉苦的时候，说出了骇人听闻的事情。一个人谈到自己六岁时因家穷而被卖给一个恶霸家当童养媳，丈夫是哑巴，自己受尽了家庭的压迫。她婆家扯她走时，毒打了她的父母和民兵、退伍军人等，还踩死了她的弟弟。她自己死活不去，拉扯中滚到了一个坡岸下，而后趁机跑到村公所找到了负责人，才解决了此问题。

最使我感动的便是杨安群同志的诉苦报告，我也同他一样落下了同情的泪。他在十三岁时即给人家放羊；他的姐姐给地主放羊到出嫁时为止；他的妹子因母去世而送给了别人。他给地主放羊，被领工的毒打回家，家人又打他，后来只好跑到西安给人家当小工。后来回到了家，还是无法维持生活，又到太原当筑路工人，工钱完全被工头骗走了，又回到无法生存的日子。再次回家，父亲死了，只留下两个弟弟寄住在伯父家里。因他回来，伯父追着要抚养弟弟的钱，说了许多难听的话。他没有钱，伯父狠了心把他们兄弟三个都推出了门，什么都不管了。三个人抱头而哭（讲到这里全场大多数人都落了泪），再往后没有办法，只能当了兵。

1月6号　星期二
（农历十一月廿六）

继续昨天的会，但情况却有些相反了。梁欢家庭成分是好的，是贫农，受了许多的压迫。在几岁时她被卖给了人家做童养媳，十四岁上去了婆家，吃不上喝不上，还时常吵架。娘家没有吃的，又卖了自己的妹子，也做了童养媳。

我们对她成分的划分，意见是完全一致的，只觉得她的工作、作风、态度不够一个贫雇农骨干的标准。大家向她提出了许多的意见：1.工作不负责任，为私事影响工作；2.不接受别人的意见，因此别人都怕她；3.生活比班上的一般同志腐化；4.个人卫生好，公共卫生是不管的。主要原因是她自己小，受了别人的影响，为着恋爱影响了工作；和别人的团结不好，有些非无产阶级的作风，如吃饭不想吃大灶饭，学习不想用马粪纸等一类的事。

1月7号　星期三

（农历十一月廿七）

　　傍晚的时候，同志们一天的工作都做完了。在吃晚饭的时候听到有人在谈论下午班上的同志开的会上，有人捎着给张桂珍提了一点意见："她和事务班的同志亲嘴。过去的事不再说，今后不要再犯了。"

　　她才十四五岁啊，带有许多的封建思想，比如飞机来了她磕头。这次的问题，以前另外的同志也和她谈过，现她又犯了一次，所以别人再次提意见出来，她怕羞就大哭，也没有吃饭。到饭后大家发现她上了吊，这证明她真是年纪小，怕羞。大家跑上去救她的时候，人已经昏死过去了，经人工呼吸又醒过来了。

1月10号　星期六

（农历十一月三十）

几天都没有记日记了。这是学习的时期，又遇上半年的结账期，再赶上我们准备迁移的工作，现在真是忙得不得了。晚上算到半夜，白天还是一整天搞成分复查，除了吃饭以外，任何空闲时间都没有了。在这几天本来有骇人听闻的事情发生，但没有一秒钟空闲能把它记下来。现在将半夜了，一切人都入睡了，只有我一个人独自整理一下自己的东西。白日没有时间，另外组织上也还没有宣布转移，因此我想少睡一时的觉，做一下准备工作。不知道哪天才能恢复正常的生活。

1月13号　星期二

（农历十二月初三）

几天没有和这本子见面，也不知每天过的什么日子，一天忙到晚，不知做了一些什么事情。

7

现在大家学习的情绪是降低了，有许多同志在工作上、精神上表现出慌乱的样子，东说西讲，搞得大家人心不安。今天我请所长给她们好好说了一下，叫她们碰了一鼻子灰，大家才不说闲话了。其实她们偷偷说的事情，我自己早就知道了，我却没有问来问去。

1月14号　星期三
（农历十二月初四）

上午去听报告，主要内容是传达蔡中易同志在国际会议的经历等。

1月19号　星期一
（农历十二月初九）

几天都没有写日记了，主要是工作繁忙，时间更少了。组织上又发动学习毛主席报告的活动，文件少，大家要自己抄材料。我花了两三天的时间（除工作以外），刚刚抄完一份。真是想事儿的时间都没有了，更没有休息的时间。毛主席的这一文件是特别重要、特别伟大的，不光值得我自己努力学习，世界上拥护民主的人士也都在研究学习，那些反人民的统治者也在看。这是有史以来空前伟大的文件。现已经过了十天即三分之一的时间了，可是自己回忆一下，日子过得真是惭愧得很，没有学到什么东西。造成这种情况，除了自己的主观原因之外，当然也有客观原因影响。

中断几天的日记不是因为没有材料而是没有时间写。这次的例假，因工作忙从十五日起一直持续到现在，这是不正常的，现在我自己也没有办法叫它正常了。如果有条件有时间休息的话，那是完全可以防止这种不规律的现象出现的。

1月21号　星期三
（农历十二月十一）

这一时期同志们又回到了学习的轨道，掀起了学习的热潮，到处都充满了学习的气氛。大家都围绕毛主席的报告而努力学习、讨论。一切小说之类的书籍，上头都不让看了。我很同意这种做法，因为小说

毛主席和保育院的孩子们

会分散我的精力。我虽爱看小说，最近却完全做到了不碰它，不但没有看旧的小说，连新的也都没有看。

现在忙得连自己抄完的东西都不能抽时间阅读一次，时间比什么都要宝贵，一刻时间都不能空过，抓紧机会努力吧！不要空过一刻钟。

1月22号　星期四

（农历十二月十二）

晨起后，院中布满了一片银白色的雪。这雪象征着今年的好收成，麦子会得到丰收，能解决绝大部分群众今年的生活问题，是争取胜利的有利基础之一。所以大家都在欢欣鼓舞，都在叫着雪下得好、下得好，如果不下雪今年的收成又要遭了烂。

我现在对我的身体真没有办法，自从这次例假来后，腰总是酸痛。例假受了冷的刺激，时而流出，时而没有，这是一种不好的现象。

1月27号 星期二

（农历十二月十七）

我第一次感受到分别是人最痛苦的事情，我从来都没有像这次分别一样难过。这次的分别比任何一次、和任何人都觉得不同，比和亲爱的朋友继分别时都更加悲痛。因为我和母亲有这样深的情感，谈到这次分别的时候，我落下了泪。我深感到第二个故乡比第一个故乡（本乡）好，第二个家庭比第一个家庭好（一是生长的家庭，二是我们现在的家庭），第一个母亲没有第二个母亲亲切。我和母亲的感情，是我们在政治的基础上建立的感情，是无比伟大的感情！

许多同志与母亲谈到分别的事，热泪就顺着脸向下流。这村里的老百姓和母亲有了深厚的情感，如他们有些人说："我愿我死也不愿叫丑所长走！"另外一个人说道："您走到哪里我跟到您哪里！"有的老百姓听说我们将要走了，准备了许多东西送我们吃。

这几天的天气非常的冷，滴水成冰，手都不能自由活动了，写字的墨水也冻成了冰。我自己脑子也非常乱，所以什么都没有写。

2月1号　星期日

（农历十二月廿二）

我有了初步的计划，在四八年里，第一要在"三查"中来锻炼自己，努力改造自己的缺点；第二要向组织请求去做土改工作来考验自己，看自己是否具备了贫雇农的思想和作风，是否是真正地为贫雇农工作；第三步，3—6个月后土改结束时要改行，学习一段时期即离开此岗位，走向自己理想的岗位，同亲爱的朋友余继在一起工作。

现在我们托儿所定成分有了过左的现象，因此在这次的"三查"中有许多同志的成分都被定得高了，把原来是贫农的定成了"破产地主"或"中农"，把中农定成了富农。为什么定成了这样呢？因为是地主全权给贫雇农定的，没有党的负责同志参与讨论，所以就产生了错误偏向。这里充分地表现出地主想把所有的人都拉上成为地主、富农，减轻自己的罪责的思想。所以在今天开会时，我郑重提出这次的成分划分问题和地主李学列为评委的问题，我坚决反对。

2月2号　星期一
（农历十二月廿三）

现在的同志们进步之大，真使我不能想象。许多的同志，由不安心学习工作变得安下心了，由开小差而转变成叫走都不走了。现在许多同志叫回家的也不同了，叫结婚的也为工作和学习而坚决先不结婚，说等到胜利后再结婚。还有的同志说："我愿永远在这里生活，这里一切都很快活。"这些都充分表示她们的进步。回忆起四六年的今天，谁都会感慨的，那时正和今天的情况相反。那时为了教育她们，我不知受了多少骂，碰了多少钉子；今天却不同了，她们进步了，认识到那时的不对。

最近几天，我自己有些咳嗽，特别是今天更厉害了，主要是因为炕太热了。

2月9号　星期一

（农历十二月三十）

旧历年快过完了，这是最后一天的晚上。本是就在这几天之内要出发了，可是今天又下了雪。到处都是离别之际的景象，我们和群众的关系是那样的密切，他们是如此地感到土改后的幸福，体验到了共产党的伟大政策的好。我们在此住了将有半年的时间，用坏了他们不少的东西，而他们听到了我们要走的消息，却又送了我们很多的东西，今晚又送了许多的枣子、花生等物品。虽然下了雪，同志们还是上山玩去了。这里可以对比我们两个所长吧？一个是生活在大家这里，陪着许多的同志和老百姓，大家一同吃一同玩；另一个则是三十晚上回家去团圆了，家里有儿子、丈夫，回来后没有一个人到她屋子里去。

这次的行军是很正确的，本应一切都很让人高兴，可是不然。组织叫我同第一批人一起走，我真有些不痛快。工作忙没有什么关系，但是为平时这样的一些小事情而来闹意见是很消耗精力的。保卫工作是每一个党员同志的义务，所有人都应当警惕起来以防万一，胜利完成任务，我真不想一个人先走。

2月13号　星期五
（农历正月初四）

现在真把人烦死了，一天天的推迟到现在还没有确定，什么时候才能走呢？走也没有什么大不了的，快点为好；要是决定不走，那就算了吧！我最怕这样一天天的推下去，生活都变了味道，情绪也不安，工作也没有计划。大家一听说今天又不能走，都在叹气。我自己也真厌烦了这个情况，工作不成又学不安心。

3月18号　星期四
（农历二月初八）

自上月十六日启程后一路都很平安，于本月十五号到达了平山苏家庄村。自己觉得情况非常乱，什么都做不成。昨天我同桂枝到卫生部玩了一会又跑了回来。

傍晚的时候，同指导员谈了话，说是要进行行军总结了，引起了我对这次行军的回忆，也有了很多感想。我自己也准备好了，下决心写一个材料给支部书记和总支书；另外写信到我叔伯姨夫家，向家里要一些东西，克服经济上的困难。

3月22号　星期

（农历二月十二）

现在生活刚开始安定了，但是大家对一些事情还没有达成一致的意见。两个所的合并，本身也是有些地方没考虑周详的，因此有一些同志提出了意见，也有一些同志认为即使有意见也没处讲。然而也有像郝生这样的同志，凭印象出发、感情用事、性情暴躁，在接受别人意见时首先看是谁提的。有好多同行的同志们和我谈，谈不出什么，只有互相安慰一顿而已。我也没有办法，有时很诚恳地向他（郝生）提出意见，不但说不清楚，反而还要解释一大套。他从来都不找下面的人谈话，总是怕人家工作好，自己工作不好，不深入下属；他还总以为自己的干部就是好的，别人领导的干部就是教育差，便专门找那个人的缺点，因此他的工作做得不好。这些缺点都是做政治工作的障碍，也是他前途路上的石头，到三查行军总结时再谈吧！

自己现在也有些苦闷没处说。有时候我什么都不做，想起身边各种各样的人，又想笑又想哭，我真奇怪世界上为什么有这样的人。张忠生活腐化，葛、梁由恋爱而定婚，但时而吵闹，时而不知唱什么剧，绍、高订婚又退，结了又离，似乎他们一切都像在开玩笑。

3月26号　星期五
（农历二月十六）

近来不断感冒，还引起了咳嗽，但也不知是什么原因，所以今日叫王医生替我检查了身体。情况还好，只有左肺声音有点低，可能是因气管炎引起的，但并没有其他的症状，过几天再看看。

病对我没有多大的影响。没有病当然更好，假如向更坏的方向发展了，肺真的被诊断出病，当对自己一生不免有些影响了。但我有决心，自己绝不会因病而悲观、失望，只要活一分钟就做一分钟的工作。每想到这里，我就生出独身主义的想法，以免自己的病再传染别人。不过这应该是不可能的，病不会那样严重的。有时自己真是在胡思乱想。

4月3号　星期六
（农历二月廿四）

不知不觉到了这里又将近一个月了，生活正走向正规的时候，又到了开始总结的时期。所以从早到晚都是一样忙。因前几天身体不大好，所以常常觉得疲倦，这几天才渐渐好了起来。

再谈总结的情形吧。这次的行军总结，在精神动员上做得很好，大家掌握了批评和自我批评的武器，深刻认识到自己的错误，都不客气地把事实搬了出来。被提意见的一方没有意识到的，也被善意地提醒。总的来说，还有一两个人在思想上没有得到教育和提高，例如葛天保在总结检讨时，说工作做得不好、不团结群众，自己是完全没有责任的，还说吵架都是沈所长的原因，和自己也没有什么关系；组员的不团结是因为有别人从中作梗，不团结是不团结，可是对工作还没有什么影响。这些是他反省的原话。这种话，也就对那些毫不懂理的人，傻子、聋子，能骗得过去。这些都不是对自己的检讨，而是检讨别人了，把工作责任都推干净了。他是一贯都不接受别人意见的人，骄傲，自高自大，到处泄露秘密，自充高明。当然我说的这些意见，他也是接受不了的。因此在群众大会上，关于他的任何问题都没有解决。

他的爱人，也是同样的德性。当别人向她提出了意见，她一一辩解，有些甚至根本不承认。葛批评她的时候，也是轻描淡写地说了几句。他俩都是一样德行的人，相互间都沾染了一些共同的缺点。

其他的同志没有什么说的，都认真反省自己，经过大家的批评，效果还可以。他们都接受了别人的意见和批评。

4月13号　星期二
（农历三月初五）

现在真无所谓一日一记了，而是想起记就记，没有什么规律了。母亲未到时，总是在想着她是否还来，盼望着她到来，直到十号的午后她才到了，我心里才放下这事。但随着时局变化，思想动荡也接连而来，无法停止。战争快得很，西北胜利，张同志也回来了；自己又想着"三查"后，一定要离开这里。过不了多久，张同志就会到我们这里了，有些事也可以和他商讨一下，如何处理是好。西北局势好转后，我要向组织上提出个人意见：1. 要求把余继调到中央系统来；2. 如余继不能调来，就把我调走。但在私生活的方面，我很少和母亲讲，可能有点羞，所以我给继、张各一信，单独说了。这些事母亲回来后我都没有向她提过。

4月20号　星期二

（农历三月十二）

昨天张同志到了。他来了之后，我一切都放心了。他会带来余继的消息，不久的将来也很可能把余继调回来，那时候我就没有什么可以留恋了。张同志告诉我："继来信了，我来时烧了。"他又说到我写的信有错字。这个缺点是我很难克服的，为什么呢？最主要的原因是学习经验的不足，环境又时常地变。今天我跟张同志说：我的字一辈子都写不好了。他批评了我。是的，这样悲观的思想是不对的，但是有时烦躁、苦闷、悲观的情绪还是会出现。反思自己：1. 工作做的是组织工作和卫生工作，和学习写作离得较远了些；2. 从自己本身来说，主观上不努力，虽然一口气可以看完一本书，但却没有写和记的习惯，有时坐下来想写的时候，马上又有事情了。

现在我要下决心继续写下去，没有什么重大事时每天争取练写字，不能因什么琐事影响记日记了。最近对自己也有些自由放任的不好现象，不能时刻管住自己。

4月21号　星期三

（农历三月十三）

我总觉得有些同志太无聊了，因一些毫无原则的问题而自找苦闷，痛哭流泪。这也表现出他们自己的无能，只能把哭当作唯一的武器。这里不能只怨下面的同志，还有很重要的原因是领导缺少调查，不了解情况，时常给他们钉子碰。所以有少数同志总为一两句话就哭。现阶段我无法解决任何问题，只有希望早点"三查"，整顿队伍，改进领导方式。

4月22号　星期四

（农历三月十四）

晚上开的行政会，我自己是不满意的。主持者会前不商量一致，四个领导人在会上互相争论了起来。弄得大家表面上来开会，实际是来听争论的。

4月23号　星期五

（农历三月十五）

因为我不爱玩，张同志也批评了我，说这是脱离群众的现象，今后一定要跟大家一起玩。

今天本村老乡在唱剧，我又随口说道："我才不爱看剧呢！"因此母亲又给我一次批评："别认为那样固执是好事，你这样一点都不大众化。"这个意见我完全接受，一直以来我认为这些事都没有什么意义，就坚持自己的想法不去看，这是不对的。

4月27号　星期二

（农历三月十九）

几天来都没有在这里写一个字了，自己总觉得日记内容太枯燥，为什么呢？ 1. 没有展开，把内容往大的方向去写；2. 看书没有记心得、感想、摘要；3. 偷了懒，就把时间荒废过去了。再检讨一下自己，记日记有什么收获呢？很难说出来。曾有同志向我提出：写要精细，看要博多。但自己有时太不能管住自己去做到了。

以后的学习方针：看书要做摘要、心得、感想；记、描写、回忆、思想所听闻的事等；写字，要从生疏的字开始慢慢练习。

4月28号　星期三

（农历三月二十）

刚到三月中旬，麦苗生长了一二寸高，树还是没有披上新的美丽衣服。我的想法只有一个，希望上级早点来。我的心情更是不安，因为母亲尚未决定回来，张同志也还没有决定调过来。只有见到了他们，我心情才会安定下来。只不过那时候就只有亲爱的继还没有过来，组织不会永远把他放在那里吧?!

再回忆一下这一个多月的经历，某些问题的发生真叫人难以想象；考虑到组织对问题的处理，我不能再大胆、勇敢、直爽地向组织提出意见，以致现在我似乎有些畏惧了。但是我不是胆怯，更不是明哲保身。尽管我提出了问题，组织上还没有诚恳、虚心地接受下面同志们反映的意见。那我只有把话保存在肚子里，等"三查"时再一并提吧。

例如：对一些问题太过分民主了，有时又太不民主了；选模范时，群众并没有一致同意，组织却硬选了个别同志；有人想向模范指出缺点、提出意见作为今后的希望，但到表决时，上面又不让他再举手发言了。

还有党内民主的一个问题也很突出。一个同志思想有了问题，三位首长（沈、郝、刘）便一同叫他来谈话；党内的一切决定不和支干商量，反而和行政首长商量。这些事引起一些人的不满。另外，党员也没有编组，导致一些人支部大会都不能参加。

4月29号　星期四

（农历三月廿一）

我看到材料上需要填写的地方有"向母亲讲几句话"，那么来看看周围的母亲们吧。有几位母亲，她们在结婚以前当过全边区的模范，但有了孩子以后，却日渐落后了。在现在的环境里，孩子都一二岁了，但她自己什么都不做不了，甚至吃饭睡觉都丢不开孩子。这是思想上没有做通工作的表现。组织上批评她，她却像毫不懂道理、没有受过任何教育的人一样，认为如果把自己的孩子交给组织，那自己就什么工作都可以做了，一带孩子就什么都不能做了。任何人都会明白的，把孩子交给组织不是解决问题的办法，而是和组织为难了。因此这些人工作不做，学习也不行，开会也没有时间；党费不交，又不汇报，只有带孩子才是正经事。这还是她们的第一个孩子，以后孩子要再多了会成什么样，就可想而知了。

晚上我找到了母亲，和她谈了我的去留问题，她答复我："准备把你调走，就同我一道走。"我早想离开这非原则、意见多的漩涡里，听了母亲的话，我高兴地一跃，愉快地大叫，以后再也不用为小事搞得脑子晕了。

这次出发以来，我见到有些奇怪事，真出乎人意料。我虽然也生在普通的农村家庭里边，但我绝对相信，我的父母不会自作主张把女儿糊涂又强硬地嫁给别人。我相信我的父母不会有这样的想法。我小时候，母亲经常说这几句话："你们大了我就不管了，一个姑娘半个儿呀！两个女儿一个儿。"我用这些话安慰着自己，母亲不会逼迫我做什么事情的。但刘小平、白玉莲都被家庭拉回去了，结了婚，并把丈夫安置到了自己家中。最可笑的是今天××同志家中来信说："现在咱村有一个残疾军人，贫农，二十一岁，很好，我母亲和你大姐都同意给你订婚，只有你二姐不同意。你同意吗？"她自己没有什么主意，就叫别的同志给参考意见，还寄信到贫农会里问这个人怎么样，要好就可以订婚。但很多同志都不赞同她的做法。

4月30号　星期五

（农历三月廿二）

现在我们有话无处说，意见没处提。现在组织里的领导不像话，怎么个不像话呢？表面上的确是党领导大家，但领导本人是有毛病的，他们歪曲上级指示，把组织的命令多少打一些折扣，或者捏造事实。这些不能怪上级党组织，而是这些领导个人在思想上有毛病。

中午，保珍在床上躺了好久都没有入睡，我俩又踱到河边走了一趟，她心里有些气恨："沈说我跟组织上提要求回晋绥！我已经和部长谈了，我没有讲过而且也没有这个想法。"

那么这次郭志清是否还留在晋绥呢？

"这也有可能，如果他留下那是有目的的。李在那里整了郭，但郭是天地都不怕的人，李怕他过来再整他。"

我对她说："如果郭真没有过来，那时你就向组织大胆、坚决地提出意见来，要求参加'三查'。我对此问题也是不服者之一，想着若把你送回去，郭就没有机会再来了，那他们更痛快了。我们也同样把这个问题向组织上提出来，调回郭来参加'三查'，一定要搞清谁是谁非。"

5月1号　星期六

(农历三月廿三)

今日大家本应当特别愉快地庆祝伟大的五一劳动节，可是却没有机会啊！

到处都在提意见和发牢骚。现在因为人太多了，干部管不了，首长又多，因此在处理问题上时常引起同志们的不满，某些同志就有了意见。我觉得古人有一句话能完全形容出来："新媳妇住婆家，当家不做主。"现在有些人做完了每日应完成的分内任务，再不管别的三七二十一。

我们几个在一起时，有人就抱怨说："我就死在托儿所吧？再也不走了。"

又有人说："这里人太多了，赶快把我们这些没用的调走好了。"

这些牢骚话又能和谁说呢，只有两三个要好的人互相说说。因为领导作风还没改进，我们有意见也无处说，所以只有互相吐苦水啊！

5月2号　星期日

（农历三月廿四）

最近几天母亲和我在感情上亲近了许多，生活上、精神上都相互照顾、相互安慰。在面对一些歪风和一切无原则性的问题的时候，我们尽量不看、不想、不说，但是有时无奈又非得讲出来不可。我们尽量避免谈论这些，免得大家对我们提出各种意见。我们只能讨论几句他们对某些问题的处理，以及收效如何。

另外，亲爱的继，母亲现在去调你了吗？或许这只是我的梦想吧！继，我想死了你，但是我却没有大胆地问过，同时也未敢向母亲要求过把你调回来啊！也不知道母亲体会到了我的苦闷和心事没有，是否看到了我那日渐苍白的脸色和瘦下来的面孔？我不知道。

5月4号　星期二

（农历三月廿六）

"五四"是伟大的青年节，我今天也很高兴。但

29

是出乎任何人意料，今天我没有出去，也没去赶集，因为我有别的更高兴的事情：组织已经决定了把我调走，并把这个消息告诉了我。因为精神实在是痛快，今天走了三四十里路，腿因为日久不走路而有些酸痛，我还是不顾一切的疲乏和疼痛，始终没有休息一刻钟。

晚上，大家召开了庆祝"五四"的晚会。我们自己排了几个小的话剧，颇得老百姓的好感，演完了老乡们都叫着"不错、不错"。晚会一直闹了好久，又唱歌，又跳舞。

5月7号　星期五

（农历三月廿九）

几天过去了，本想早上抽空记下一点日记，可是自己有点感冒，精神也不太好，所以也懒了过去。

今天是我和同志们暂别的前夕，有许多同志流下了挽留的热泪。大家一群群的哭着，到晚上我真再没精神写尽今天发生的一切。这次离开，有一部人是高兴的，因为从此可以自由地发展个人英雄主义了；有的一部分人则好似失了母亲的小孩子，没了依靠。还有很多事情，等我闲下来有时间了再回忆详写。

此次离开，首要任务是要把工作做好，这对我来说没有多少问题；还有一个想法，自己要"肉包子打狗一去不回头"，自己要彻底脱离这精神负担的深坑。我无法再写下去了，头也晕了，精力也疲乏了。

晚上开了欢送会，大家都讲了话，最后让我讲。我便按照实际工作的情况来回答三位首长的提问，回应同志们的建议及要求。

5月8号　星期六

（农历三月三十）

上午做好了准备工作，午饭后即要到一个新的工作岗位上去了。组织和同志们都对我很重视，再三地请我吃饭、开欢送会，闹得我都不好意思了。我觉得自己并没有这样大的价值让他们来花这样多的时间和东西送我，自己什么工作都没有做，首先就被三番四次地请客，我拿什么来报答呢？况且自己还没有做过这样的工作，担心不能完成组织派的任务。同志们这样热情，反倒让我有些不舒服了。

31

5月9号　星期日

（农历四月初一）

到此地第二天了，我和保珍整日游来荡去没有做多少工作。我想，开展工作的第一步应是了解情况。这很难做，主要因为很多母亲们的思想没有搞通，这是一个大困难。很多同志一说到那些啰唆的母亲们就头痛啊！但我俩有信心克服困难，有决心做好工作。只要我们精神上是愉快的，其他的人力物力都不是问题。

在三个月的帮助工作结束后，我要向组织坚决提出我的个人要求：1. 不回去工作；2. 要求参加学习；3. 如果余继能调回来，则我的安排再作决定。

5月10号　星期一

（农历四月初二）

开始建立一个整托的计划和布置工作。第一步是大概了解一下所有的工作人员和孩子们的情况，这是最容易的一步。

目前组织上还没有宣布一切工作的开展计划和组

织机构的安排以及如何分工等事宜。幼稚园教职人员有主任，正（所长）丑，副（所长）屠，保育干事，我，幼稚教员任等。

工作中有的是钉子碰，另外不断有哭、闹、吵、骂，各种声音叫你听，这是最大的考验。母亲们的思想非常复杂，她们有经验，有老资格，能干，会说，会讲理论，但她被孩子拖着又没有办法做别的工作，非常难管理。现在到底要用什么方法来领导这样的人呢？我想有以下四点：1. 虚心耐心地向她们学习优点；2. 按原则处理问题，不要多重标准；3. 对她们的态度要和蔼；4. 慎重谈话，抓住新的同志的上进心，推动工作开展。

收到张同志的来信，好一顿批评，我惭愧得很，同时又觉得他说得很对。我觉得自己目前学习上有困难只是因为缺一个诚恳的帮助者，其他的一切都很好，自己的最终目的和最大愿望还不能轻意放弃。

5月11号　星期二

（农历四月初三）

常规工作已经做得差不多了。上午看了房子，只有等明天开完会，全托下星期一就可以正式成立了。我们一行人看完了房子和现有的工作制度，提出了一些意见，主要是觉得有些条款太啰唆了，没有必要。

我和保珍是从来都不出去的恋家鬼，忽儿今日有些事要做，要到五科去。在午饭前，两人一同向东南去，顶着呼呼地刮着的风沙，穿过了两个村和无数的苇田，来到了汀佗河边。风大了起来，最不巧的是桥坏了，我们的希望和心情一下子被风吹散了，只有失望和无可奈何。回来的路上话也不想说，腿痛了，口干了，肚子饿了，头发也被风吹得疯子似的乱。我俩就这样默不作声地悄悄走了回来。

下午桂枝和夏明来玩了，桂枝把部长捎给我的口信告诉了我："多劝一劝丑，她又犯牛脾气了。"

刘萍为搬家发了脾气……等。再谈到家里的事情就更说不完了。

5 月 12 号　星期三

（农历四月初四）

今天一连开了两个会。一个是动员大会，会上有个别在思想上、意识上有老毛病、放不下架子的同志，引起了大家对他们的批评教育。现在的工作进行到最难的时候了，该碰钉子了，我自己有些怕，又有些束手束脚的，从前没有做过这样的工作，没有和这样的人相处，不免有些胆怯。下午又继续开了讨论会，讨论了保育员的工作条件和个人的志愿问题，还让大家尽量发表不同的意见，以求所有人都能搞通思想。

今天不太忙时，我和保珍一路回去了一趟，顺便拿一些东西，看望亮亮、卫卫和在一起工作的同志。因为托儿所有些领导有脱离群众的现象，所以好多同志不见罢了，见了我们的面就是一顿诉苦。这些事常常搞得我脑子里好不痛快，真想赶紧离开，再不想回来看到、听到这一切。

最叫我不高兴的是母亲多变的情绪和不要命的工作。精神不好时她就直接倒下来，不吃饭，发烧；精神愉快时，她却忘记了一切，不睡觉不休息，甚至忘了吃饭，拼命工作，我在考虑给她提出批评。

5月13号　星期四

（农历四月初五）

这一天过得真惊险，咳，这完全是国民党蒋介石

35

带给我们的。早饭后过一点钟的时候，忽然发现六架敌机，速度非常快地飞来。大家知事不妙，可都没有什么准备，当时就手忙脚乱地把孩子带了出去。整一日来了八架飞机。据非官方的消息，敌机在不远的地方扫射丢弹了。

时间丝毫不留情地过去，晚上紧急召开了防空动员大会，分配了防空区域、人力检查等工作。

5月14号　星期五

（农历四月初六）

今天比昨天的防空布置是好得多了，但是在某些方面还有人有意见，大都是和自己及孩子相关的，搞得组织上无法解决。这些在我看来并不是什么问题，然而她们现在有足够的架子，又有严重的依靠思想，失掉了无产阶级的本质，要走向贵族的道路了，才这么讲究起来。

孩子饭无法吃，自己又不能动，叫伙夫做又不好。我的意思是饭由母亲们自己做，其他人轮流值日，一天换一个。光说不做是不成话的，因此要组织起来大家做、大家吃，不要各顾各，计较多少；从今天起，要打破自私的想法。精神上也要由散漫走上集体，由坏变好。在我看来，越休息思想就越会退化。现在组织上忙得很，答复了这一问题又来了那一问题。母亲们的问题那么多，我一天都未休息一刻，天又晚，风吹眼睛有些痛，就此停笔了。

5月15号　星期六

（农历四月初七）

昨天任保珍回到托儿所去了，主要是去找李志忠，问他为什么没有把郭志清调回来。我预料他们肯定一谈即崩。她是开晚饭前去的，不多时即匆匆跑了回来，确是谈崩了。李和沈巧语说了一通，叫任保珍回晋绥去。仟说："我不回去，我不改行了，我在保育工作上做了多年了，打定主意不改行了。"所以听到李的说法，她非常生气，孩子都没有看，饭也没有吃，即跑了回来。李对此大发脾气："是你服从组织，还是组织服从你呢？"

我认为李这样的人太过分了，为什么光顾自己不顾下级和别人呢？只想掌握党的权力，歪曲政策，故意搞得过左。保珍坚持把郭调来完全是对的，她一定要抓紧办此事。

晚上母亲胃又痛了，她自从来到苏家庄，生了几场气，就搞出了胃病，所以我经常说她劝她。她催我做工作日记，其实我一直有此习惯的，既然她又说了，今天以后我便开始用两个本子记。

5月16号　星期日

（农历四月初八）

防空出了乱子。天阴了，没有地方玩，更没有好的比较干燥一些的地方睡觉，所以大人、孩子的病日见加重了。在护理上有困难，没有护士，又没有房子，所以无法隔离，就把前两天新提拔起来的护士调来管理发烧热病的一切。结果把平常最普通的东西，查体温、登记都搞错了。比如，发烧39.1度被记成了"+9度"。所以在晚饭后6点钟，我又去检查，发现这位护士喂药时又把酒精当作药给孩子吃了。

我了解了所里这几天来的生活情况后，实在看不起那些已做家属的人，还有那些端着架子背着包袱的人。每日过高要求别人，但轮到自己就什么都不能做，只能供起来，什么都做不了。老干部中也有很多这样的人，我看不起这些人。本来完全可以学习他们好的地方，没有任何意见地、虚心地学习她们的经验，可是事实却是相反了。

5月17号　星期一

（农历四月初九）

我从未想到母亲会说我让她碰了钉子。其实都是很平常的事，如领津贴问题，她叫我"连小校的一并领上"，但是我确实没有很好地回应她的提议，觉得他们自有学校的人来领，我不用管。为此母亲批评我"不虚心、自高自大、怕麻烦、怕琐碎"，还说："你有什么意见就提出来，为什么要和我对着干呢？"

可能是我存在着浓厚的怕麻烦的思想，所以回答母亲时也非常生硬，她受不了我的气，为此感到难过，我这么做是很不对的。在谈话当中，我还说了一句最不应说的话："我不好，那你把我送走好了。"这是故意气人的话。

39

5月18号　星期二

（农历四月初十）

生活真忙碌，时间更难安排，难以计划一天的工作，就更别提合理分配时间了。只有利用晚饭的时间，才能开展各种工作。

5月20号　星期四

（农历四月十二）

我在思想上对刘萍的认识，一直没有在实际工作中得到印证。一直以来她在我的脑海中深深烙着的印象，今天得到了印证：1. 对同志、对工作都是滑头的；2. 人很虚伪；3. 没有什么主见；4. 对谁是谁非，有没有联系群众等基本问题似乎都搞不清楚。她在入党后，有一段时期进步很快，积极靠近组织，一切都想进步，表现得也非常进步。但在我的印象里，她仍然还是没有从思想上改掉以前的毛病。说话、行动和作风都充分的表现出她原有的一套风格。当然组织上也抓得紧，给了她许多的帮助和教育。特别是母亲，对她很关心，傅部长也经常和她谈话。那时我再三和母亲、部长说我自己的想法：她的聪明能干有能力，我是完全同意的；但她滑头虚伪，和群众搞不到一起，只是表面上合得来，而不是从思想上真正结合的好。她时高时低，冷一阵热一阵的情绪，在这一路的行军中，完全印证了我对她的认识。工作搞不好就怪组织，对缺点和错误采取完全推脱的态度，害怕困难，喜欢被别人拢着、相互的包庇着，对组织是一落千丈的冷淡了。从三月到现在，她时刻都处在寂寞和痛哭之中，现在应当觉醒了才是。然而一旦她掉进火坑，找了一个死不进步的爱人，加上自己的幼稚，一定会被完全拖下去的。她对象是一个什么人，暂不述了。

过去，我因为对小段有意见，受到了组织的批评。但我还是坚持我的意见，除非她的表现能印证组织的说法，我才能完全接受对我的批评。到现在为止，从实际情况看来，她还是照旧如此吧！

5 月 21 号　星期五

（农历四月十三）

在火热的太阳下，人都被晒晕了。正式托所还没有成立，各种计划也都还未完成，也没听组织说下一步安排。现在什么都是刚成立，正是最困难的时候。天太晚了不写了。

5 月 22 号　星期六

（农历四月十四）

最近觉得自己的确是瘦下来了。工作忙和其他原因都有关系，无数念头在脑子里转，睡眠也很少，难怪会瘦。

晚上，我们几个人一同回了托儿所，所里那一群活泼天真的女孩子们，都向我们拥过来，拥抱、握手、欢笑，我们高兴得不停地哈哈大笑，所有的孩子也同样高兴得笑着闹着。

和几个同志谈天，各自都带有诉苦的味道：自从我走后，我们小组的人都变得有点自流散漫；他们的谈话中，都透出自由主义现象；很多人情绪不高，特别是被领导人说是"过路客"的几位。"刘说我只是来帮助工作的。"刘凤莲自己精神也不太好，她说："从我来了之后，别人常说我精神不好，的确我时常不愉快，有话无人说。"

保育院的老师和孩子们

　　但可惜我不能直接向组织提出意见了，只有给他们精神上的安慰，相互说说心里话罢了，并无任何其他办法。

5月23号　星期日

（农历四月十五）

　　现在母亲总是说我给她钉子碰。我并没有给她任何的钉子，不知道为什么她总是会有这样的感觉。说得多了，我不免在某些言语中透露出些许不满意。她们时常不和我探讨现在的工作，三人谈话似乎变成了二人谈话。我只有默不作声，无可奈何。然而这样她们认为我又生气了。其实是她们让我无话可说，可我又想到，如果母亲和我说得多了，给别人的印象也不好，因此我只能默不作声。

5月24号　星期一

(农历四月十六)

我现在的生活是没有任何计划的，所以当别人问起来每日做什么的时候，我都无法答复。今天母亲问我这个问题，我就说今日没有什么要做的。这引起了她的疑问："你每天记日记都是记些什么东西呢？日记应当是每天对一天的工作的总结，看是否按计划完成了，再做明天的计划。做领导工作要有计划性，才好推动工作进行。"

我自己从来都没有什么计划，这实在是我最散漫的地方了，值得警惕。

5月25号　星期二

（农历四月十七）

到今天为止，我在这里的工作开展了将近二十天。还在整顿期，可是孙主任和有些同志都再三说："小李，你别走了好不好，丑所长会不会准许你一直留在这里呢？"

我自己无法决定，只有看组织的意思，我无条件服从就是，我怕戴上不服从组织的帽子呢。我的意见是，如不让我改行，最好能留在这里，做什么工作我都没意见；如能让我改行或学习的话，不管群众和上级怎样挽留我在此工作，对我的印象再怎么好，我死也不待这里了。为了前途，我不怕牺牲这一切。

5月26号　星期三

（农历四月十八）

在王家坪就给我留下不好印象的一个人，这个人现在调来同我们一起工作了。如果说过去对她的了解是片面的，那今天看来呢？和过去也没有什么大的变化。从延安到这里，我是一直都看不惯她的作风的。然而我总觉得她做工作很有自己的一套，所以我从来都没有管过她。如今她看不起托儿所的工作，当然会出现问题。

就我个人对她的印象：1. 看不惯她的工作作风；2. 对她工作要求过高；3. 总认为她的思想意识是有毛病的；4. 根本不想留她在这里工作。考虑到她的性格被逼急了很可能会做出极危险的事，我对她的批评和意见也不敢太大胆了。

5月27号　星期四
（农历四月十九）

到明天，我们即来了二十天整了，但是工作仍是没有头绪。全托的雏形不久将会出现，我的身体也还好，可是因为工作劳累渐渐瘦下来了，从2月开始到现在瘦下来了好几斤。在精神上，二十天前每日虽没有多少工作，可是闲得不痛快，精神负担很重；近二十天来工作是忙的、累的，精神却是愉快的。五点起床，十点睡觉，每天都有会开，晚饭后也没有休息时间。我相信我还会继续瘦下去的。建设全托的初期已过，情况慢慢会好起来的。今晚可能有点烧，但也不会怎么样，再不能写了，睡了。

5月28号　星期五
（农历四月二十）

下午张同志来信了。前些日子他寄了两封信到五科，可我只收到了一封，第二封听说内容"有些啰唆"，可能张在里面批评了母亲，信也没有看到，不知道谁扣下了。

晚饭前我到所里去打电话，告诉傅部长："母亲又病了，不能前来，所以代她告诉您，张同志寄了两信到五科，可是只收到了一封信，另一封请您找一下看在哪里，是谁收下了。可能他在信中批评了丑所长，别人看到即扣下了。"

5月29号　星期六
（农历四月廿一）

天气不大好，所以我们没有做防空措施。工作也即将走上正轨了，我们要在革命的战线上为新社会培养人才。在三交时我总感觉，会计的工作是很有水平的，帮助同志的态度也非常好。特别是对同志们的批评很诚恳，意见也很尖锐，而且他性子很急，什么工作都能很快做完。当他批评我所的某一人时，虽然说了一些不好听的话，但我觉得这批评很痛快。他这次来也同样是那样直爽诚恳。我们就在一起合作了一次（三交结账的时候）。

5月30号　星期日

（农历四月廿二）

人一生最愉快的事情就是为真理而斗争，而我平日最讨厌的就是非原则的斗争，这使我在精神上有很大的负担。我愿在真理的斗争中成长，只愿为有代价的斗争努力到底。

昨天睡觉的时间很晚，将近一点钟了。因星期日零碎的事又多，中午也没有很好的休息。

昨晚保珍回去了，我们三位首长又拉着她谈话了，说了些"调你到别的地方去，可能叫你做副所长"之类的话，然而又说现在还没有决定，丑所长也还不知道，叫保珍先不要告诉她，等部长和她谈了再调。真是岂有此理了，对别人可以这样说，但对她，首长也没有这个决定的权力的。他们要调保珍去做保障工作，只是妄想罢了。

晚上还有一件叫我不痛快的事。我去拿碘酒，母亲什么话都不跟我说。因为有别人在，我也不好说什么，拿了碘酒就出来了。

5月31号　星期一

（农历四月廿三）

在五月的最后一天，总结和检讨一下自己吧！

这些天来，打好了全托的基础，完成了全托的准备工作，搞通了大多数母亲的思想，这些都是工作中的成绩。缺点是在某些问题上，自己缺乏主动性，更没有什么计划性，因此有些工作没有按照计划、按照一定的时间进度来完成。

工作以外的事情什么都不想管，现在脑子里只有工作和学习两件事，除此以外只有亲爱的继经常在脑子里兜圈子，总想着他哪一天回来呀！现在我还是在保育工作的岗位上，也打定主意只要一刻钟没离开此

49

工作，就好好做它一刻钟。但我还是想学知识，学习一切人类文明的事物。本领学到身，再做什么都不难。做保育工作，也不是非要留在卫生部才能做的呢！

一个思想上不能和组织结合的人，哪个工作岗位都不会要的；一个人到了那个地步，再能干都是没有用的。比如李德奇到了这里，邓部长就说不要他。江彦和李德奇的婚姻，也太滑稽了，结婚才两个月，就闹离婚呢。依我看，李胖子太不是人了，了解他的人没有一个不说他"不是人"的，在他俩婚前我曾劝江彦，她不听，现在果然未出我的意料。

不但江彦，邵凤鸣和高香棉的婚姻，我的预料也没有错。他们都有不正确的出发点，经一段极短的时间，婚姻就破裂了。

6月1号　星期二

（农历四月廿四）

六月又到了，我们的工作、计划、组织也有了新的气象，新的成绩。可以说，我们的工作在中国史上是一个新的起点，在新民主主义的社会里可以算是保育工作的开端，中国此前还没有一个半托、全托、小校三种并作一起的幼稚园呢！

目前出现了一个护士的调动问题。我是不同意留她在这里工作的，母亲因此批评我在思想上有毛病。我看不惯这个护士的工作作风，我始终不能放下这个想法，如果这算我的毛病的话，那什么理论也不能改掉我的思想毛病了。我对她并没有任何个人成见，只要她在同志们的帮助下愿意改正，那谁都佩服她。我自己还是要纠正思想，特别是纠正对个别人的偏见，意识到她的好处还是值得我们向她学习的；她有缺点的另一方面，要是永远不改，那我就是死也不会向那些歪风屈服的，再怎么说也通不了。

6月2号　星期三

（农历四月廿五）

实在不想再写了。因为一些小的事情多，休息的时间少了，常有些头痛。但有些事情，必须要记下来。

早晨有人告诉我，别人对我有意见，说我到小校去的少，还有对某一个孩子的检查不够。这些意见随他们去讲好了，我之所以这样，是有客观原因的，既然实

51

在讲不清，我干脆都不讲。不能因为一些琐事而影响工作人员的情绪，学校的屠校长就是一个标准例子。

6月3号　星期四
（农历四月廿六）

现在的工作有一点头绪了，可是我的脑子总是被吵闹和嘈杂的声音笼罩着，叫我什么都写不出来。大家每日都是为着一口饭和一点水的事情不休地争论着。我最讨厌的就是这种生活上的琐事，所以我常说："啰唆死了，有些人有了孩子连前途都不要了，一切都围着孩子转。"孩子是革命的后代，又不是哪个人的私有物。为着孩子而牺牲了自己的一切，我觉得这样的人太混蛋了，什么道理都不懂。为这事，这几天总想发脾气。

6月5号　星期六
（农历四月廿八）

现在有时明知故犯地和妈妈争论，多多少少叫她生了一些气，也引起了她对我的批评。最近收到的两封批评信，我愿永远保留着它，以作警示。

她给我意见的时候正好发生了一些特定的事情，所以在当时我不但没有很好地接受，还很幼稚的和她顶一两句。不接受意见的现象往往出现在最亲近的人的身上。对妈妈，我常常这样想：出现了比我更好的干部了，你不需要我了，叫我做什么的时候总是不高兴，或讲几句不负责任的话；我也不聪明，不管什么场合，不高兴了就当场表现出来，这给了她"精神上的负担和苦恼"。这完全怪我，是我故意给她找茬，别的同志就从没有反映过这些情况呢！

总的来说，妈妈是为我好，在精神上为我所累，在脑子里为我所苦，我自己得注意不要再让她生我的气。除了工作学习以外，我有义务帮助她。我本来还想接到信后，给她说两句，如："您喜欢我就好了，如不喜欢我，那就请您答应我的要求，把我调到九千云里以外，一去不再回来。"可是实际上我始终没有这样说。

我记得有一次，妈妈说："你的作风，自己要想想怎么改正。"我的回答却出乎她的意料："我就不想改。"她后来也没有说什么。这是我不对，我不该顶她。我也没有决心把这工作继续做下去，那些琐碎的事情死都不想管，无形之中就给工作带来了拖拉的不良作风。

6月6号　星期日

（农历四月廿九）

今天组织了纪念"六六"的教师节大会。到现在为止，我们来到此地已二十八天了。这个月　号即开始了全托，今天半托也成立了。所以今天的会，不但有部长（邓、范）出席，还请了我们机关的一些人来参加。他们来了之后都感到非常的惊奇，为什么全托这么快就成立起来了呢？他们说是我们的条件好，事实却不是那样的。

6月8号　星期二

（农历五月初二）

现在的工作规律化了一些，因此我的休息时间和学习时间都多了。

回忆从开始工作到现在，可以说多多少少有一点成绩了。一号全托的成立、后来半托的设立和一些母亲的思想转变，其他还有一些谈不上了不起的小事。母亲们现在大都可以做通工作了。在我看来她们的落后都是因为长期休息、不工作不学习，结果就是除了日渐落后，再没有第二条路了。

我自己也学习了一些东西。我学会了一个领导应该按计划推动工作和检查工作；还有对一些难领导的人，用什么方法收效更大。详细等以后再记。更重要的是根据一些实际的例子总结出教训。

对于文化的学习，每日都做了两份日记：工作日记和内心的日记；还要练大字、看报做笔记等。只是字仍然是写不好，原因何在呢？

6月9号　星期三

（农历五月初三）

自己现在总是有浓厚的虚荣心，在做工作时总想把它搞得漂亮些。所以不管做什么，总会犹豫，从开始到结束的过程中心里总有些跳，担忧自己是否会犯错误或者受到批评。最怕的是在群众中失掉威信，遭到群众的反对。上级对我的"批评"我倒一点都不惧怕。

个人的学习也是一样。因为有虚荣两个字在捣鬼，总怕别人笑自己，所以写信或者给别的同志抄写一些零东西，总是怕写不好，结果反倒越写不好了。有时自己越看，字越难看，自己也越生气，因此就决心不给别人写信了。半年、一年、几个月，都不写一封信，只怕别人笑我。

我脑子里的事物分成了两部分：一部分没有怕这个字存在，例如挨打、受骂，工作碰钉子，甚至于死，这些在我脑子里，都没有怕字样存在；再一部分呢，怕字时刻的在脑子里转动，从未消失过，例如非原则的斗争，群众的意见，自己的字，工作的能力等。

6月10号　星期四
（农历五月初四）

工作一个月零两天了。我对自己工作的信心总是很高的。可是昨天我知道了因为领导之间的意见不一致，所以即使我完成了工作，他们也有意见。现在我尽量搞好一切，除了工作就是学习，要多做工作、少说话，更少管自己不应管的工作，免得出了力还叫别人不满意。工作做得好也就罢了，工作做坏了，那更别说了。只要把自己的工作完成了，心中就很痛快。

6月11号　星期五
（农历五月初五）

天有些阴雨，后又停了。我和语默回到了托儿所，看到了那一群天真活泼的女孩子。我比她们大好几岁，对比之下自己真是死气沉沉又苍老啊！

一个老同志和我说道："你来我家里，我和你谈一个事情。"我有点意外，也很敬重他，便去看他，他向我谈出了真心话，叫我帮助解决他的组织问题。他再三恳求："我只请你和丑子冈做我的介绍人，我过去犯的错误是在军事上，表现为消极工作，和组织发牢骚，对组织不满意，和丑子冈要老婆，这些都是不对的。希望大家能帮助我进步。"

回来后有些不大舒服，腿肚痛，关节也同样不好，头有点晕。晚上又参加了班务会，散会回来看了一下生病的同志，即休息了。

6月12号　星期六

（农历五月初六）

自从医务所搬走以后，因为工作性质比较接近，平时也有工作上的联系，我时常和沃林在一起。这两天病人增加，他的工作无疑加多了。我看他不像从事医务工作的一个共产党员，在一些事情上，特别是对工作的态度，充分地表现着小资产阶级的工作作风。如：昨天有一个同志中暑了，特派专人去请他，他没有问病的轻重，非要吃了晚饭再来看病。这样要不得的话，真把人吓死了，同事病的很危险啊！今天早晨又有一个同志病了，我第一时间告诉了他，他不但没有理，还回家洗衣服去了。我不放心又亲自跑到他家里请了一次。他也再没有讲什么，一转就出来了。他去拿药，又是早饭后很久才去的。他有的时候东拉西扯的，都没有把照顾病人看作是自己的基本工作任务。

6月13号　星期日

（农历五月初七）

　　现在这里的工作并不存在太大的困难了。工作人员分为两部分，一部分是直接从家庭出来的，另一批是长征过来的老干部。各有各的特点，老同志能干，年轻的懂的东西太少了。她们的共同特点是好说，这并没有关系，然而她们喜欢东拉西扯，讲话不负责任。昨天我去母亲那边，好多人没有请假就出去了。母亲等她们回来后就此事和班长谈了话，谁知班长自己也是其中一个。她毕竟是班长，是要领导别人的，她自己也犯这样的错误，性质就更严重。

　　沃林和葛天宝是一样的作风，工作一忙就叫苦。下午因为毛笔不好用，他来借我的笔用；可是今天下午我要用的时候，他又不让我用了。他自己也并没有抄写什么，而是跑到场里和保珍去玩了。对此我很不满。晚上我提到这事，母亲说我说这些干什么。我意思是他晚饭后又不用笔，我可以拿来用，或者给他另一支新的。然而新的他不要，现有的笔也不让我用，所以我就不高兴。别的东西我可以送人，但是学习的用具死都不肯送给别人用的。就算说我农民意识或小气，我也不肯借。

6月14号　星期一
（农历五月初八）

参加了党的第二次小组会，也不知道会上解决了什么问题。我觉得最无价值的，就是像这个会那样为一个无聊的小问题来回地扯。

6月15号　星期二
（农历五月初九）

托儿所现在最难搞的工作，就在半托。母亲们意见多，又喜欢乱说，不讲理，常常不负责任一句话而影响到工作团结，这是一个很大的困难啊！她们大都从家庭中出来，为一针一线的事情争习惯了，婆婆妈妈的习性一下子很难克服。

现在就整个的幼稚园来说，主要问题有两个：1.学校的问题，不能团结起来，因为屠存在着浓厚的英雄主义，一般的人她看不起，更别说自我批评的精神、接受别人的意见之类的了！当别人提出了意见，她的回答便是："干不了，干不了。"还要求组织上把自己调走。而那些母亲们更是"轻视有一斤，重视等于零"。所以这两边怎么都无法搞到一起的。2. 半托的问题是制度不能很好地执行，母亲多半都是从个人利益出发，闹得大家不团结，吵来吵去并没有任何的好处。

现在我们一切都是为着工作，然而没有下级的努力、上级的帮助，神仙都不能胜利地完成任务。我们工作的心是很急切的，但是现在是辅助别人工作，不免要客气一些。最多再有两三个月就要回去了，可是我始终都不想回去，即使再有困难，这样的想法也不会变的。

6月16号　星期四
（农历五月初十）

昨天在工作的时候，听说有人来参观，主要是为了对外宣传。所以晚上我们都来做准备工作。大家都很累，因为我们转为全托刚刚半月零一天的工夫，对于这样的活动没有任何的准备。

　　我对于参观活动的认识与准备工作，和外来客的接待工作完全是两种态度。工作可以做，有多少做多少，并且保证完成任务；但是有客人来时，自己总想走远点，避开这环境。特别是在照相时，尽管这也是自己分内的工作，然而总想找别人来替自己才好呢！别人说我"真是小姑娘样子"。这么说我也没什么关系，可是我就是不习惯照相。

6月18号　星期五

（农历五月十二）

　　今日跑了三十多里地，冒着风，晒着火似的太阳，跑去又回来。和曲一起趟过了许多小河，一点都未觉疲劳。看见了弟弟，他畅谈了很多。

　　谈到余继时他反复地提醒我不要给他写信，还要我告诉妈妈不要给他写信。"等到南下时……"他再没有说下去。临走时，他又给妈妈写了封信，当时我就看了，没有说什么。他写道："不必想哥哥了。"是的，母亲想念余继，总是挂念着他，所以她非常重视小龙写的每句话。信里的这句话引起了她的怀疑、不安，再三问我小龙为什么写这样一句话，为什么余继从来都没有来过信，张同志为什么又说"两个孩子都做了机要工作，发展不大"。她还说回来时接到余继的信，组织"让我们看到了就烧了"。这一切都让我对此问题开始怀疑起来了，继那边到底是怎么样一个情况呢！

6月19号　星期六
（农历五月十三）

今早妈妈赶着写了电报稿子，给了杨秘书长。电既已发出了，不必再告诉小龙，以免再生事。等电报回复来，就清楚详细、确实的事情了。

今天特别担心妈妈的身体，她这么焦心，会很难过，吃不下饭的。晚饭后妈妈和亮亮到了讲里，我冒着风带上了衣服去接他们。回来谈到屠的问题，妈妈说邓部长准备在星期一和她谈话。将来走时，准备把我留下，让她来领导。

屠主任有一个很要命的毛病，不能团结人，上级亲近不来，下级也拉不拢来，因此她的工作常常无法顺利进行。

6 月 20 号　星期日

(农历五月十四)

精神上不大愉快，总是在想着一件事，余继的事，放不下心。只有电报回来，才能让我安心一点。

想来自己一辈子不结婚也好，死活都是一个人，没有任何顾虑，少了这一切忧心的事。如果现在余继有了什么不幸的事，我的一生便再也不要那"最高的理想"了，一个人活一生算了吧！再不要自找苦恼了！每天都是为党工作，有粗布衣和小米，就替党做一辈子的工吧！

6 月 21 号　星期一

(农历五月十五)

上午睡了半天觉，感到有些不大舒服，只有睡了。

下午有人来玩，向我诉苦。她总是有些悲观，我对此也没有作任何的回答。

谈到人员安置的问题。我的想法是只要给我办正式的手续，我就没别的要求了。又谈到我为什么做了现在这个工作。回忆起来，我的前途都被别人拉着走的。本来上级决定我不来托儿所工作的，后来又被大家生生地扯来。到此以后，我屡次要求去学习，组织总是不放人。去年夏天，组织本答应让我去学习，可是这次是妈妈不放我去了。咳，我一生的前途都像这样一次又一次的转折，我学习的希望和理想的前途就这么离我越来越远了。

6月22号　星期二

（农历五月十六）

组织上重视我、看得起我，我是知道的，但是现在我脑子里总是乱得很，我的理想难道就为此而放弃了吗？我自己所理想的前途、志愿、自己的爱好，就完全打水漂了吗？！咳，我的前途也许只有永远待在托儿所这一条路吧。我一天天瘦下去，无论是活是死，一切都在为着工作，在工作岗位上，活一秒钟就做一秒钟的工。然而我现在并没有停止学习书本和社会的知识，我绝不会轻易放弃一生的理想啊！我的顽固是谁都知道的。叫我永远做这份工作，我是死都不干的。等现在这份工作告一段落，我要提出我的要求去做别的工作，或去学习。

最近几天因例假，又加上余继迟迟没有消息，另外也有一些琐事，我有了些牢骚的话和生气的话，悲观、失望、不安心，都充分表现出来了。这是完全不对的，我不应有这些情绪，应有信心的努力工作着，努力迎接全国胜利的到来。

6月23号　星期三

（农历五月十七）

发生了一些事情真是出乎我意料。有一个孩子本来没有病，或者只有一点小病，一位同志因为怕自己犯错误就给孩子灌肠、吃药，后来才发现孩子其实没事。这件事说明她不想做别的工作，只想着带自己的孩子。医生发现这事之后，就把孩子接走了。

还有一个结了婚的女同志思想落后、不进步，把一切责任都推给组织，我认为这是完全不正确的。现在很多人不求帮助也不求进步，她们的丈夫理应负起帮助的责任。然而他们对自己的老婆不了解、不批评，反而有一些包庇的思想存在着。此外组织上也可能照顾不到，然而这只是极少数的情况。

6月24号　星期四
（农历五月十八）

　　妈妈今天去石家庄了。下午两点钟走，上午开了个会交工了工作，向各位干部请了假。但屠主任什么都没有说，事事都说："我不知道。"这是她的说得最多的一句话。

　　我们来此快有两个多月了。我时常和同志们讨论大家对我有什么意见，他们都说基本上没有什么。有些同志拿我们（我和保珍）两个对比："你还有办法，工作作风不错，态度冷静，处理问题沉着，生活上正派，整体都还好。"至于保珍，因去年工作时大家就看不起她的表现，她上课时写白字，保育法上了三次就不上了，在课堂上就吵了起来。这次大家对她也没有多大的希望，又加上她私生活的问题，在群众中有不好的反响，所以大家对她比较有意见。

　　现在的环境和那边托儿所的情况，可说是完全的不同了。我们要追随着时代环境的变化而进步，才能让群众对我们有好的印象。保珍本来就是一个活泼

67

的人，一直在托儿所长大。我和她每天都生活在一起，没有什么矛盾。很多在私生活中兜圈子的人，小气得很，家庭的作风、封建的思想统治着她们，难免会乱说一些意见。男女之间交情好，来往得多些又有什么问题了。也不怪别人，怪她自己没有注意防着这一点。

6月25号　星期五

（农历五月十九）

在这样一个人员混杂又窄小的幼稚园内，出现了一些情况，也是我从来都没有见过的事，出人意料之外，让我吸取了铁的教训。

有一个说话非常流利、又知道一大套理论的女同志，她不工作的时候，好像什么都懂，提意见，开会、发言都表现着自己，富有革命作风；工作时则完全变了个人似的，有着天渊之别。工作时的表现是小姐的作风、太太的味道。工作前上级让她干什么都没有意见，然而等工作一分配，不是孩子病了即是自己病了，抽梁换柱总得闹到休息为止。她丈夫是有名的政治协理员，对她不但没有任何帮助，反而助长她的缺点。大家反映了意见给他，他反倒责怪我们提意见不对。我们都非常看不起他这一点。

我自己的感想是，假如我有这样的丈夫，请他快点把架子丢掉，好好地学习，把思想好好提升提升再来给大家做政治辅导。老婆是不应该一切服从丈夫，但我也不希望丈夫跟着老婆日渐落后。只知道赞同老婆的观点是完全不对的，简直是世上最恶劣的事。我的意见是，两个人要相互尊敬，共同斗争，在斗争中进步。

6月26号　星期六

（农历五月二十）

这两天，潜伏在党内的一切不好的思想意识，全部暴露在群众面前了。第一，党的负责人太没原则性，不但在群众中没有起到模范作用，反而产生了很坏的影响，开会发脾气，背后讲怪话，发牢骚。第二，党的小组长，不但无原则地接受一般群众的意见，而且附和着一些落后的同志，使自己在思想上也落后。所以我的意见是，要整顿党员思想，从上而下地整。

6月27号　星期日

（农历五月廿一）

昨天回去，听说沈元辉要走了，明天就做鉴定。但三个首长都见面了，谁都一字未提，还是听别的同志谈起。组织上也没有下来通知，所以我一字不问。

今天听到许多同志谈此问题，说是今晚就做鉴定。我当时莫名其妙，为什么走得这样快呢？又为什么没有告诉我们呢？她走我是有想法的。她怕"三查"，又怕我们三个，这正是一个好机会让她快点走掉。现在妈妈离开了托儿所到了石家庄，指导员又不怎么讲原则性，马马虎虎鉴定了就算了吧！我们就用不着通知，更用不着参加这鉴定会。

下午打电话给傅部长，提出了我的疑问：1. 沈之鉴定会是否需要我们参加；2. 等丑所长回来之后沈再走为好。

"不参加可以，你们再有半个月也要回去了，多留一天都不行。"

现在组织还没有决定我是否回去。回去的话我没有任何意见，如果要把我留下，首先要跟组织说明我的要求：1. 希望组织上处理好家属问题；2. 学校的问题也同样要解决；3. 妈妈和共小和全托要完全分开。
如果组织不帮助我解决这些问题，那我不愿意干下
去的。

6月28号　星期一
（农历五月廿二）

我们的帮助工作，不但时间上不能保证做满三个
月，在实绩上也不能完成党给我们的任务。他们没有
原则地提意见，都是把一点小事情看成不可挽救的错
误。反正我是来做帮助工作的，这些事情何必和他们
争呢！

副主任的领导工作有些问题。她看不起下级，和
我们从来都没有谈讨话，更不谈工作了。她凡事都亲
自和下级某一同志拉在一起，绕开这一同志的直接领
导人。这样不但自己花了力气，还引起了其他干部的
不满。她不会用干部，有什么事情都不向组织上坦坦
白白提出意见；和上级隔得很远，和下级又闹个人英
雄主义，搞小集团，用私人感情来拉拢干部。

6月29号　星期二

（农历五月廿三）

晚饭时，杨管理员忽来叫我们回去参加沈所长的鉴定会。虽然我对她确实有些牢骚的话，但不怎么想参加这个会。然而我知道这样不负责任，最后还是去了一趟，看看情况再提意见。结果原来是要给沈陪情，叫她自己决定是否让我们来参加会议。好没道理，我能不能来参加会议，在党内自有规定，这是给她做鉴定，为什么要让她来决定谁能参加谁不能参加呢？我认为我自己是有理由来参加这个会的，因为这是工作分内的事，党内小组生活本身也是组长和组员的义务。然而现在组织上只是对我说"来玩"，还必须得到她的同意才能公开地参加这个会，因此我认为我没有参加这个会的理由。她要走总还有四五天呢！提意见的机会还有呢！

另外，幼稚园里的工作真不像话了。孩子像土人一样，穿的衣服似乞丐，工作的人毫不负责任，一天碰伤了两个孩子。不知道他们是干什么吃的。

6月30号　星期三

（农历五月廿四）

　　本来妈妈约定今天回来，但现在还没有回来。家里还有一些事情等着她处理呢。

　　干部组的学习将有一个星期了。准备了好几天的讨论会，始终没有人发言，因为领导抓学习抓得不紧，她又不检讨自己，别人对她的印象就不好了，这一点上面也说到过。她们那一伙人，别人发言时讥笑、讽刺，我很看不惯，但我从来一言未发。她们的发言也是有毛病的。特别是陵江的发言，真是太反动了，每一个字都是恶毒的，都是只通过情感来看问题，单纯的私人拉拢，毫无一点政治的眼光。她的行动和发言，恶毒的面孔，凶恶的态度，都显示出她是汉奸的女儿。（编者注：作者此处评论属当时环境下的个人认识，并非组织结论。）

　　我要保持现有工作状态，别的事情少说为佳。妈妈没有回来，没太多工作要做，我们几个人便早早休息了。这也是为什么我爱做有时间性的工作，做最下级的工作，被别人领导最好，什么都不用多想。

7月1号　星期四

（农历五月廿五）

今天是中国共产党诞生二十七周年的纪念日，回忆起二十七年前的党，是那样的弱小，过着黑暗的生活，和巨大的敌人作着斗争。我不但没有过这样艰苦的生活，那时自己还没有落生呢。党的发展壮大一天天强大了，由十二个人到现在三百万以上的党员了（编者注：中共一大代表有十三位，代表当时全国五十几位党员。作者此处写十二人，应为笔误。）。

我自己从娘肚子里爬了出来，从小到大，在党的培养下没有受到任何的束缚，不但身体长大了，同时政治生命也渐渐成长，由萌芽到降生，由乳儿而成了懂事的孩子。现在我也是党龄四岁多的党的孩子了，自己多少可以做一点事情了。我要想成为一个成人，只有在崎岖的路上，和一切不正确的思想敌人、阶级敌人作艰苦的斗争，在长期的斗争中生长壮大，使自己不怕一切困难，有能力为人民做一点事。

晚上参加了纪念"七一"的晚会，大家都非常的高兴。我们的孩子也在今天上台表演了。灯很不好，时常灭，耽搁了不少时间，所以很晚才闭幕。

7月2号　星期五

（农历五月廿六）

中午召开了全体工作人员大会，通知了防空问题及隔离问题。完后大家开始讨论孩子放假等事宜。

晚饭前弟弟回来了，打破了今天的计划。我要和他去看亮亮，不想再写了，头也有点痛。妈妈告诉我："余继没有什么事，张同志确实看到了他寄给你和我的信。"

7月3号　星期六

（农历五月廿七）

这两天来把剪报的一些材料贴了起来，以作保存，作为"三查"之参考。

晚上妈妈批评了我，说我有时讲话抓不着原则。如，当着犯错误的人，批评了另外的人，由此助长了犯错误人的不好情绪；有时对下级干部没有尖锐地指出她的思想毛病。有一个班长，时常谈话时叫嚷着："干不了，领导不了。"一直到现在都没有做好她的思想工作，正因为没有尖锐的批评，所以她总有"干不了，不干了"的想法。她平常又不爱讲话，但有一点小事，只会自己不满、不讲，自己生气。

现在是我锻炼的好机会，我也愿意学一些领导的本领和团结群众的方式方法，这样将来自己做什么都有一套本领，不管做什么到哪里都吃得开。当然自己应努力学习，不要错过机会。抓紧机会努力学习，在斗争中来锻炼自己成为钢筋铁骨。

7月4号　星期日

（农历五月廿八）

早晨两点多钟天还没亮，睡梦中忽听有人叫："小李、小李，丑主任发烧了，她喉咙痛，你快起来看看她吧。"我挣扎起来匆匆地穿上了衣服，拖上了鞋子，揉揉眼睛跑了过去。她昨天没有休息，很累，今天就病下了。她的病经常是这样的，常常是白天累了，夜里就病了。在三交出发的前夕半夜里她忽然发烧了，早晨我又要走了。我那天晚上没有休息，更不放心离开她。这次有事忽然病倒，一天都没有退烧，到晚饭时才退烧了。我时常地劝她多休息，她总是因工作不肯。

7月5号 星期一

（农历五月廿九）

现在我们的工作尚未完毕，但是苏、傅部长却来函调我们回去，说是因为工作的需要，下面的同志们提出了意见，想叫两个机关合并了，这样有直接的、统一的领导，方便更好地进行工作。

晚上给她们两个班长具体地分了工，以免我们走后她们情绪低落，然后又和一个班长谈了话。她自己的情绪一直都不好，没法领导下级，团结不来个别怪脾气的同志，因此不想干了。今天我给她做了不客气的批评：你是一个党员，你不做工作叫谁做，党是领导全中国革命工作的，党员每人都有一份责任，再困难都要克服，努力完成党给的工作任务，并且要努力学习工作的经验及工作的方法。即便下期不做班长了，古人有话叫"艺不压身"，宁肯学会了不用，别叫用时不会。

7月6号　星期二

（农历五月三十）

昨天听说部长来了信，因中托没有人，叫我马上就回去。我的想法是先答复他：小校单独管理，半托由政治处来管，只留全托让我们来管。这样工作就少得多了，也轻松一点，一些无原则的意见也会日渐消失了。当然我们对自己的工作是有信心做好的。作了这样的决定之后，今晚本准备开的会也不召开了。我还是有些不放心，一怕自己没有能力，工作做不好；二是在这里总不能安下心来，如果能回去就好了。现今在这里也可以，到石门去也可以，不管怎么样，再磨它几个月。回中托的可能性很小啊！不过回去也没什么好。等余继回来再作最后的决定吧！

7月7号　星期三

（农历六月初一）

现在妈妈要回去了，保珍也要到另外一处去帮助开展新的工作。今晚召开了保育班的全体会议，邓部长、政治处主任、卫生所长，都来参加这个会。

邓部长谈了托儿所的思想动态和一些干部的作风、工作态度。半托和小校的问题算是都解决了：总务科直接由邓部长领导管理之；小校、半托都由政治处领导。

蚊子真是多得很，在邓部长几个钟头的讲话中可怕的蚊子围着乱飞。

7月8号　星期四

（农历六月初二）

收到了我姐姐的来信，家中一切都很好，我要的笔买了，可是现在还没找到人给带来。即日寄信给金先志，叫他设法捎来。另外家中说要寄一部分钱来，但我考虑到要钱也没有什么用，所以还是不要吧！！

昨天妈妈睡得很晚，一直睡到今天十点左右才醒来，又批评了我一顿："工作拖拉，有些问题不能自觉处理，等我走后看你怎么办。"我的想法是有山靠山，无山独立，当然这话我没有当场说出来。组织暂时把我留在这里，我不能以为自己做得有成绩，就觉得自己了不起了。我还对妈妈说了一句羡慕我姐的话："人家做了区委秘书了。"妈妈批评我："你要那英雄主义做什么？你现在就等于一个科长呢，要是不满意难不成叫你做副所长呢？"

我说的都是无意的话，但在我其实并没有真的这样想，所以她爱怎样说就怎样说去吧！

妈妈十二号以后就回中托，她为我的进步再三地拜托李指导员和陈老，拜托他们多多帮助我。当然我也愿意能有一个老前辈来帮我，更希望他们不客气地指教我，使我进步更快，自己也要更加努力吧！

7月9号　星期五

（农历六月初三）

晚上开了妈妈及其他三个人的鉴定会，我做了记录。会议在一个宽敞的院子内进行，有 14 ~ 20 个人参加。中央的桌子上放着一个麻油灯，许多蚊虫都扑灯而死。

这个会不但给了别人教育和鉴定，同时也给了我一个学习的机会。我自己要反省一番，还有什么地方做得不够。有些人没有在丑主任面前犯什么大错误，在思想上也没有什么信心搞好小校和半托，然而因为她们在思想上有毛病，所以看别人的时候都是光看到别人的缺点，觉得谁都比不上自己，没有人可值得自己学习。特别是今晚屠针对两个人的发言，充分表现出了这一点。我就想，小校的问题，会上没有深入讨论下去，我总是觉得她们难发动起来，自己存在着吃力不讨好的思想；半托同样很难搞，特别是许多同志说话不负责任；再一个，自己在思想上一味的认为工作难做，怕她们，便不能团结她们。即使妈妈在这里，还是不能和她们一起做好工作呢！等她走后我就更没办法了。

7月10号　星期六

（农历六月初四）

早饭后讲理会，继续昨天晚上的会。直到快吃中饭的时候才开完。

中饭后，邓部长叫我去谈了几个事情：1. 全托是否准备好了；2. 留我在这里有无意见？

我当时的回答是，全托因没有宣布和半托分开，因此还未有详细布置计划；暂留我在这里是没有什么意见的，只是我什么都不懂，更没有经验，不会做工作，特别是丑主任不在此以后，请组织多加指示和帮助。

我也向部长提出了现在工作的困难：1. 人力少，没有能力强的人；2. 在儿童教育方面，现也没有人担当。

昨晚写了信给姐姐，问她那里的人是否需要动员，如要好的动员的话，请来信通知，请组织上设法调来加以训练，作为工作的后备军。

家属里没有任何一个人给我留下好的印象。那些琐碎的事情常引起我对工作的不安，总想早日离开此工作，搞一门技术工作。

听说动员会上有一位二十五岁的女同志作了报告，她是上海人，在前方做队长的，不知背了多少伤病员。

7月11号　星期日

（农历六月初五）

最近两天都很累，特别是今天，十分烦躁，不知为什么。昨天开了一天会，赶回来吃晚饭；用完了饭，又马上给孩子过了磅。结果如何呢？量的数都给弄错了，体重和身高都搞错了，所有孩子都比上次测得轻了。不知保珍为什么都搞错了，害得我一天都没空做别的事，下午一直到晚饭后才把这项工作做完。她们不会弄，也怪自己没有和她们详细说明，所以出了这样多的问题，比自己做还麻烦。

妈妈对我的错误一点都不客气地提出批评，她总觉得我不够虚心。我感觉她总认为我是一个小孩子，什么都不懂。我的确像是一个未成年的人，更别提懂事了。现在最使我难过的是和她每次谈事，总得不到详细的回答，不然就是不了解情况的时候抓着一两句话马上拉到原则问题上来一顿严重的批评。现在我俩到了一起没什么可说的，常常感到不自在，似乎成了一个封建式上下辈的样子了。我自己也同样不对，为什么常常爱和她顶一两句呢？有时是我自己未想通，有时只是不同意她的提议，因此就不虚心、不接受她的意见；有时我什么都不讲，也不回应她的意见，搞得现在总有点别扭。

7月12号　星期一

（农历六月初六）

下午保珍走了，走时落下了热情的眼泪。她和大家交谈、握手、再见，眼睛红红地离开了这里。

我送走了保珍，又和语默回到了讲里，找协理员谈关于托儿所的问题，他却没有在家，结果我们到了邓部长屋里，几个人就共小和托儿所的问题谈开了。邓部长说：共小的制度是一律不准家长给小孩送东西；送来的东西实行公有制，交给专门负责人管理。

我的意见是上述两条都行不通，不但现在，将来也同样不可能。这意见不是对别人提的，完全是对邓部长提的，屠对邓也有许多意见。现在小学和我们要完全分开了，我们只提出意见，完全不坚持，因为他还未想通，我们坚持也毫无结果。

7月13号　星期二

（农历六月初七）

最近我瘦下来了。可能是这段时间睡眠不安稳，吃饭不好，再加上工作忙，瘦下来是很自然的现象。

妈妈今天去会见康主任了，走时告诉我："把一切信件分发了。傅部长今天来了，你带他们各处看看。"

我正在给保育班的同志们上课，忽听到外面有人在叫："小李啊，傅部长来了，你去看看，招呼一下。"他这次来是抽查工作，所以谁都没有通知，但我早就知道。他看了这边的工作，对每一点都作了细致的提议和指示，做得不好的地方也不客气地说出来。特别叫他夸好的：伙房、厕所，寝室的帐子都还漂亮，特别是没有苍蝇。饮食还须自己机关帮助一些，他提到环境卫生不要怕别人说，"不要和别的机关比。"

我们几个人便请他帮我们向邓部长提出意见，完全为着孩子的生活卫生。他对中托的看法是"已有进步"，其他的都未讲。

7月14号　星期三

（农历六月初八）

在讲里召开了干部会议，把一些分工和各部门的主要责任人确定了。今后各管各的了。

现在我自己乱得很，这样的环境真使我很难和每一个人都团结好。听说妈妈很辛苦，孩子的一切都由她管，之外还有 6～8 个钟头的工作。想想自己的工作时间和工作态度，再想想我们这里的母亲做了些什么，真是惭愧得很。

7月15号　星期四
（农历六月初九）

今天妈妈回去了，现在托儿所三分之二的工作都交给我了。好在我们靠得很近，我还在她的领导之下。现在这样，可以锻炼自己单独工作的能力，"有山靠山，无山独立"；在处理具体问题上，也同样让自己得到锻炼。今后可能得不到或者不能及时得到妈妈的指示和批评了，独自工作宽裕了我的时间，也加深了我对妈妈的留恋。妈妈身体经常不好，不免总是对她有些留恋和惦念。

7月16号　星期五
（农历六月初十）

早上看到了捷报我非常高兴。山西省各县都解放了，不久全山西毫无疑问是我们的，西北和华北解放区很快会连成一片，交通会更便利了。我唯一的希望是今秋能调回余继来，那时天凉了，环境也会好一些，所以我不同意现在调，为着他的身体着想而已，而不是不想他！

现在我的工作任务是增多了，但我更讨厌行政工作了。当然这是不对的，可是我总觉得，每天乱得很，看不到每天都做了些什么，常常是东跑西跑，没有安静的时候，更谈不到做了几点钟的工作。生活要紧张而严格，活泼而有纪律；工作再怎么辛苦都没有意见，一切都为着工作而工作，不是为着个人而工作。

晚上召开了全托的会议，布置了新的工作，检讨了过去的一切，讨论了学习。

卫生部对某些问题的处理真没有原则。我们这里需要医生，本来决定把某医生调来讲里，人家也做好了一切准备，可是恰好阮医生被一个人问了句："你们的门诊部开始了吗？三个半人怎能算一个门诊部呢？"就这样，他们马上又把医生调到卫生部，不叫来讲里了。那天晚饭前我还去了趟卫生部，他们晚上就打电话过来说不用我们接医生了。

7 月 17 号　星期六

（农历六月十一）

今晚特别烦躁，不知为何这么难过，脑子一团乱，什么都不想做，也写不出什么来。

哎！我想不通为什么总有人为了老婆可以失掉自己的原则性，用感情来抹煞了理智，一切都为着老婆孩子而做，不顾自己的威信，也不顾这是否影响工作。有时我真看不惯那些人，而且我坚决反对这样的夫妇关系。假如我要有一个这样的丈夫，就自己负完全责任，第一是要警告，第二批评建议，第三斗争再拉他一把。假如他一直如此不想改正，那么只有死路一条，各做各的工作，去你的吧，找别的人去。我完全相信自己不会同这样没有男人味的人结合。这样的人，总是觉得他们的生活无聊得很啊！

7 月 18 号　星期日

（农历六月十二）

现在我真没法提起劲来，工作没本事，学习又糟糕，再说到自己的文化水平，就更悲哀了。我思想上有着青年干部所有的一切毛病。对工作总不能安下心来，特别是刚到一个新的岗位上的时候，生活不习惯，环境不了解，总有很强的不安感。现在总觉得做行政工作不好，做有时间性的工作才最好。我的特点就是不想多说话，只管工作就好了，别的尽量少说、少管，所以有时和别人讲话时，要是和我唠叨得多了，自己的态度就变了，不是有意，是因为自己的性情不喜欢听这些。行政工作的要求又恰好与我个性相反，因此我时常苦恼，为什么不能和别人一样呢。自己死气沉沉不像一个天真活泼的青年人，不想和人多说话、接近，存在着怕麻烦的思想，一切都喜欢简单化，特别是自己的生活，什么都不想计划和管理，有时间的时候就随便搞一下，没时间就干脆拉倒吧！

今天和妈妈商量，我带几个人到石家庄去一趟，目的是把到我家的联络线打通，去张同志那里看一看，买一些日用品和学习文具。妈妈最近身体不好，再加上张同志为家里老婆的事不免有些难受，因此想给他带点吃的。

7月19号　星期一

（农历六月十三）

　　上星期六的下午，某某同志的两个金镏子被人偷了，重七八钱呢，现在仍未查出来小偷是谁。只有一个线索，但不十分明确，所以大家就议论纷纷，谈论着几个人的历史，猜哪个是行迹最可疑的人。大家都认为最可能是某人，她一贯爱偷人东西，手脚不老实，她的丈夫平时也完全包庇她的缺点。

　　据同志们的反映，这人在延安时期，买当地老百姓的果子时，一面买一面向口袋里装，叫别人看到才掏了出来；到工厂买布，买了四块（六尺一块），又拿了两块，等人家追上来的时候，她把布都洗了，说是买了六块。这次是星期六下午，某同志的衣服在一个孩子屋里放着，压在一个抱枕下，里面用别针串着两个镏子。她来了三次，来的时候屋里都没有人。她装作是找东西来的，问她时，她说："我衣服也不见了，以为这是我的衣服，就把别针解开来，镏子落在了地上，我就拾起来装进口袋里，但没有告诉别人。你们每天这么问我，我被逼得急死了。"

　　这一套说辞都是假的，大家都气得无法形容，一致都认为要斗争她，如果不把镏子交出来就吊、打，怎么也要叫她赔，干脆得很，没有什么好说的，要给她深刻的教训。

气话是气话。我只怕一点，怕同志们到那时候都犯了自由主义的毛病，有话不说，有意见不提，不但对她没有帮助反而害死她。

7月21号　星期三

（农历六月十五）

从十八号开始阴雨，每一日都是雨淋淋地下着，一刻未休，把房子都渗漏了，有点要垮、倒了。自然界真叫人为难，想叫它下雨的时候比雄鸡下蛋还难，现在却一直下，所有人都愁眉不展、唉声叹气的，盼天早日晴了，好各自开展工作。现在大家都怕灾荒，雨下太多了就怕来了水灾，但人又无能为力。

我们住的地方三面隔河东面临山，河水一涨，我们就会困守在山水之中，四路不通，和外面失掉了联络。周围的交通要是断绝了，我们这儿又没有医生，最大的困难就是这个了。今晚要发一个报告，告知上级组织这几天的情况，并请组织设法解决困难。

7月22号　星期四

（农历六月十六）

现在我们的学习还没有很好的组织起来，每次都是上面催做笔记，可惜都没有人做。本定在昨天检查笔记，明天讨论，可是大家什么都没有做。我自己未做笔记，也找不到重点，找不到适当的方法；字也写得一塌地难看。她们又爱嘲笑别人，当别人做得不好时，什么话都不讲，只是一阵冷笑。所以我特别不服气，我自己就算记了写了，也不想很痛快地交给她们检查。来此不到三个月，我从未交过一次笔记，开讨论会也一言未发，因为自己刚来，不了解情况，也不知哪天就又走了，因此没有作长期的打算，还是闲事少管、多做实际工作的好。

今晚，在这几天未晴的雨声中，我脑子里涌上了一阵阵的苦闷和烦躁，一切的往事都摆在我的面前，不知为什么又想了好几遍，难过得又想落出泪来，我再无法写下去了，再不想了，睡觉了。一切都不想，一切都不管了吧！

7月23号　星期五

（农历六月十七）

今天中午开了小组会，重选了小组长。我总感到党的组织生活不够紧张，组长对组员的批评都做得很差。我曾再三提出小组会应召开了，但我们的小组长始终都没有动作。她在思想上总存在着干不了的想法，对下级同志的汇报抓得不紧，向上级又不按时汇报，不靠近组织。

阮医生介绍了一位姓徐的医生来此工作。在苏家庄和过来的一路上我都没怎么跟他在一起工作，因此不太了解他，只听妈妈说他是一个思想动摇的人，谁对他抓得紧，他思想就靠近谁。我以后要经常和他在一起了，对他又不了解，该用什么办法来团结他呢？本想今天晚饭后回妈妈那里请示她的意见，今晚又开会没去成。

和同志们谈话，他们都羡慕我的学习精神，特别是在政治上的学习成果，更使他们惊奇。我总认为自己没有基础，政治是自己特别喜欢的，因此进步较快；在文化上，因自己过去不爱学文化的毛病，所以没有任何的基础，现在自己要克服此缺点，只有努力

93

再努力吧！

7月24号　星期六
（农历六月十八）

　　自昨天起都没有睡午觉，所以早晨起来头有点晕，后来又有事情要和妈妈商量，吃过饭，写了一篇小字就出门了。路上踽踽独行，蔚蓝的天空漂浮着一片片的白云，渡过了一道道小河，踏过了一个个山头，即到了。刚和妈妈谈完，她马上被邓部长通知去开会。他们再三留我玩，我走不开，只好和他们打了一会儿扑克。时间就这样过去了。

　　人的工作态度都决定于他的思想，思想不好，他可以说什么都不会做，而不是不做；如果是求上进的人，同样的工作他会做得很好，也没有什么困难。所以说领导对干部的思想教育特别重要。

7月25号　星期日

（农历六月十九）

晨：妈妈昨天晚上才回来，衣服都搞湿了，今早即回去了。谈到小校，准备调张同志来当校长。我不太同意，但又没有多少理由反驳。他们还准备把我调回中托。既然两个人都归一个人领导，又何必非把我调回来呢？我现在的岗位上没有别人，只有我在一天做一天，终究还是不能安下心来。

晚：回了妈妈一封信，可能有点发牢骚，其中有一段这样写道："时局转变得这样快，自己没有决心做这个工作，又没有能力做另外的工作，而更无机会学习。时光无情地流过，自己仍在胡混。没有理论，更没有文化，结果就成了一个不上不下、不三不四的人。什么都不能做，只会吃，不会做。"写到这里就算了吧！

特别的几点：我不想见人；不想多说话。因此，工作不好做，再加上自己思想上的毛病，这些便是我苦痛烦躁的根源。

7月26号　星期一

（农历六月二十）

天实在热，我约语默同去河中玩水、洗澡，感到非常舒畅。河水汲汲地流着浪花，不时地泛出，像一朵朵银白的花。忽听有人叫我，我只好丢开这人人喜爱的美景与凉爽的河水，回到酷热的院内。

晚上接到了报纸，看到了胜利的消息，个个高兴，人人鼓掌。大家都一起叫道，老阎完蛋了，太原也完蛋了；我们的交通会更便利，陕甘宁晋绥、华北又可完全连成一片了，全国的胜利也就快到来了，直到活捉老蒋，那一天全中国的群众都解放了。

世界上的反动派总是垂死挣扎，所以不幸的事也由此而来，意大利和日共的总书记，这次被刺了。每个共产党人都痛恨法西斯的罪恶，这两件事让世界上的劳苦群众和无产阶级的工人，以及有正义的人士，都对法西斯的行为看得更清楚了。共产党不会杀绝，而是越杀越多的，真理到处都能行通，无理寸土难行。时局如波水，一刹那都不静止。我们幸福美满的生活是用鲜血换取来的，不久的将来，我们就会有更大的城市和解放区。哎，自己到时候做什么呢？思考一下吧！

7月27号　星期二

（农历六月廿一）

今天过得真紧张啊！一秒钟空暇都没有。早晨接到了政治处的通知，为丢东西的问题，大家开会讨论。应群众的要求，教育每个同志，还因为其他的一些原因，会议非来讲里开不成。

保育院的卫生员和孩子们

她们把小孩子都丢给我后马上就走了，两个小的、一个大点的孩子，都害着眼病。我却没觉得怎样，还招待了参观的客人，合了一点线，晚饭后给孩子洗了澡又玩了扑克，也没有觉得累。

傍晚时会散了，邓部长来信叫张同志马上回去。我给他们找房子，马上找到了陈老，和他商量人力的调动和房子的分配，忙碌了半晚才布置妥当。某同志那边，日夜都有人守着，为防止发生意外，特加了一个夜班来监视。因为事情未查清，现在只有这样做，以免她自杀或捣鬼。晚上实在是晕头了，打了水洗了澡，一篇日记还未记完，天已经很晚了，只有睡觉了。

7月28号　星期三

（农历六月廿二）

晚饭后回到了苏家庄，看到了妈妈，她现在瘦了，脸色又黄了，跟工作忙多少有点关系。今天中午睡午觉的时候，我劝她多休息，她常常是如此不注意身体。听说她中午给张同志写信了，引起我对她和张同志的关系问题的注意，其中可能有矛盾，这会让她更难过。张同志曾谈到不知家中的老婆怎么处理，现他们离他家这样近，家中的问题是一个麻烦。老婆、孩子在家中已经将有十来年的光景，老婆也没有再改嫁，很难处理。再加上他几日都没来信，她就常常念叨，这给她的精神造成了很大的负担。

再者就是，两年多未见一字的余继，在 6 月 19 日发来了电报。到现在一个多月了，后来也再没有消息，她时常想念他。就算是只距离四里路的我们，有时我收到她的来信没有回，见面她就问："为什么不给我回信呢？"因为怕她生气，我便隔两天一封信，安慰一下她罢了，什么问题都不能解决，我时常还是很为难。本想寄信给余继，若有回音，可以使她放心；但我们这里又有许多的困难，告知详情的话又要害亲爱的他挂念，不免对工作、情绪精神都有影响，考虑了许久还是我自己两面为难吧！我只有尽我的一切力量让你们每个人都得到精神上的一点安慰吧！

7 月 29 号　星期四

（农历六月廿三）

政治处有人来调查讲里丢失东西的问题，我很不

99

想管此事，可是现在真脱不开身。忙碌了一天，累得头都晕了，此问题很难处理和定性，自己虽不是党的负责人，但也是党的一分子，既然组织上给出了这样一个任务，在行政上，我应当来负责任。四五个人为着这样一个事花了整天的时间研究，结果越闹越大。起初只要某某讲一句话即可完事了，到现在拖拖拉拉，一天两天，看来要是八天十天能搞完弄清楚了，那就算我们没有白白花费了时间。

现在依照群众的反映和估计，结合历史和经过，结合每一个人的品质来分析，某某干部的老婆是有很大嫌疑的，当然组织上应从多方面来调查研究，慎重处理，不冤枉人，也不叫别人钻空子。

7月30号　星期五

（农历六月廿四）

今天有点不太舒服，有些事也不想做了。现在的工作不知如何做好，因此写一信问妈妈，是维持现状呢，还是进行哪一部分工作？

7月31号　星期六

（农历六月廿五）

今天也很乱，下午很想回苏家庄去玩，到了之后，见到了许多同志们，又拉又扯，总之是走不开了。虽然家中有事，总不能脱身。她们再三留我住下，我自己也想住一晚，然而因为要工作，终于不能如愿。妈妈也始终没有准许，并派人很快送了我回来，说："你要负责任，他们都不负责任，我就找人去送你。"

刚刚离开了苏家庄，天就黄昏了。某某同志一边送我走，一边谈起了他的组织问题。这里同志们的组织问题大都和我有关，当我离开托儿所时，并没有把一些要求加入组织的同志们很妥当地交给组织，也没有另找别的同志帮助加以处理，支部也没有找这些人谈过一次话，所以到今天有的同志还来找我解决此问题。我曾和支部书记讲过他们的情形，但他始终觉得这是一点小事，他不想管，即给他们加上一个不服从管理的帽子。我还是想写信把这事交给支部。如果他们答应处理，便由支部全部负责。

我认为吸收一个党员这样的事情，在原则上没有问题即可以允许他们加入组织，不要为一两句话就限制他入党，这不算原则问题。

8月1号　星期日

（农历六月廿六）

时光一刻不停地飞奔，一转眼又到了"八一"。回忆一年来的日子，今年的"八一"和去年又有什么不同呢？首先在这一年中，我们从山多如丛林的山西，转到了城市的近郊，这完全证明了我军的胜利。我们克服种种困难，经过一年多的行军、暂住后方，慢慢离开了陕北、山西，又回到了自己的故乡河北。这其中也有很难过的别离。延安、临县的人民都有着一种革命的感情和阶级的友爱，让我们很舍不得。离开陕西的老百姓的时候，他们都流下了热情的泪。经过了土改，群众对我们的印象是无比的好。

"八一"以后的战争节节胜利，那时我的心情只有一个，就是要回到延安去，重过艰苦的生活都是愿意的。我时常关心着陕北的消息，指望哪天听说延安收复了。这是每个人的希望。到四七年终，这个希望算是破灭了，自己的愿望暂时不能实现了，部队也开始准备行军。我自己仍不想回来，很想去前方去参加战争的工作，或者到学校去学习。然而这些都不能如愿，我只有随军而行来此。现在我仍未安下心来。我的愿望：1. 参加土改工作；2. 想学习。现在两个目的都未达到。

8月2号　星期一

（农历六月廿七）

我的真性情，无论到哪里都会表现出来，有一次我给某首长打电话时，旁边的一个同志说："为什么小李给 × 部长打电话都是那么直声直气呀！"李元发同志的回答也很简单："小李做事讲话都一是一、二是二，没有什么漂亮话说的。"

我常难为情，自己不会说话，也不想多讲话。但需要客气的时候都不会客气，即使有客气话也说不出来。所以自己常不想和别人多来往，只埋头工作，不做别的事，那是最好了。

现在我深深认识到保育员是最麻烦、最琐碎、最细致的工作，一不小心就会引发不可挽救的危险，如孩子病、发烧，以至于生命的危险，都会有的。无论你做得多好，努力多大，家长都还是会有意见的，这是许多人都不想做这个保育工作的原因之一。

晚：两个晚间似乎都生活在臭水坑里，旁边有许多蛾蚊，一秒钟都不停地飞来飞去。这些刺客在我前后左右乱刺着，捣乱了我的学习，我耳中只听到如吹风似声音。身上也招来了许多的刺客，它们没有任何顾虑地东刺西刺，使我无法工作和学习，所以就只有躲到帐子里做事了。晚上早睡白天早起，中午不睡午觉，只有这样了，苦啊。

8月3号　星期二
（农历六月廿八）

从早晨开始，布置工作、会场，饭后部长和其他负责同志都来了，马上召开大会。大家都参加，但有的人还不知开的什么会，等主席宣布之后还有人非常惊奇地注视她。

关于金镏子的案件，在这次群众大会上作了决定，汇总了大家的意见，根据某人的思想、历史和事实，给了她一个很恰当的罪名。她始终拿糊涂、找衣服为借口，顽固得很。她的思想很难做通工作，矛盾也搞不清，这样糊涂的人简直找不到第二个。她从此在个人历史上永远存着这一块黑。如果她直到死也不坦白思想，不作反省，别人是无法来帮助她的；她若是向群众老老实实地讲事实，大家对她都会很尊敬，组织上也会重视。然而她还是那样无比顽固。换作是我的话，为了赎罪，开除党籍、和某人离婚都可以的。

她还拿好些话来威吓别人，但是同志们都不是傻子，不会让她吓着。大家轻描淡写地对她丈夫说了情况，他轻轻地说了三点："1. 决不给她撑腰；2. 如她坦白承认了错误，决不和她离婚；3. 大家对我有什么意见都可以提。"这样大家对他也就没有什么别的好说了。

8月4号　星期三
（农历六月廿九）

昨天开会时，有几个小孩子参加了，会后他们把这事告诉了他们的小同学。小同学们又告诉了她的儿子："你的妈妈偷了人家的金镏子。"孩子马上回答道："我不要那个妈妈，叫我爸爸也不要她了。"

这些小孩子都知道他妈妈丢了人，便要和她断了关系，不要她了，同时也不叫他爸爸要她了，真是儿子胜过了老子。

她生下了六个孩子，但是每个儿子都宠成了别人说不得管不得的娇孩子，都不为她争气，每天都调皮得厉害。

我的头晕了什么都不想写了。

8月5号　星期四
（农历七月初一）

近来我们花了许多的时间、人力、精力在金镏子失窃的问题上。上到部长，下至每一个同志都开了许多次的小会和大会，浪费了无数的时间。为了这个问题，我们正常的工作受到了影响，无形中可以说帮助了敌人，叫敌人高兴。因为我们发生的问题越多，反动者就越高兴。大家都说对她这样的行为痛恨到极点了。

8月6号　星期五

（农历七月初二）

整日闷坐室中，寂寞非常，也感到异常无聊。下午约了两个同志一同到妈妈家里去看她。现在她的心事我已经猜着，也许我们多来不如少来好，但是我又无从着手来管，就更谈不到说服她、向她解释了。因为这是她自己的事，同时张同志那面也应负大部分的责任。明知她现在是花了多大的力气把他调来，但现在他离家近了，又顾及家中的老婆了，就又把她丢了。张同志的动摇对她的工作情绪影响非常大。所以我的主张是，有了老婆的人要是没有彻底想清楚，一时愉快会造成以后长久的痛苦。我时常和某些同志们表明我的态度，不要自找别扭影响身体、精神、工作，我反对且痛恨只顾一时的快活，不顾以后的痛苦的做法。

8月7号　星期六

（农历七月初三）

最近在工作中实感无人看管，但又怕妈生了我的气，怪我有事不和她商量。因此我决定写一信告知她工作的情形，以免她生气，影响情绪。

今天一个人，特别寂寞。自己也有些感冒，眼睛有些痛，饭都不太想吃，一日三餐细粮都不想吃。上午睡了半天，到午后才起来了，感觉略好了些。

这里的人多半是有丈夫的，今晚都想回去，其中有两个同志还担负有党给的任务。我曾告诉她们，任务全部由个人负责。然而她们却用极妙的办法来骗党，二人同走，都用代请假的办法，向××同志请了假，不管任务完成与否、上级准许与否，丢开任务便同行回家了。这样的党员，不知她们的本色和党性何在也？当时支书就发了脾气，说她们个人利益高于一切，将来党给了更重的任务，这些同志又如何去担任啊？我脑子里也很是糊涂，她们还每日都想着做别的工作去。至于如何去得了，我更替她们想不通了。

8月8号 星期日

（农历七月初四）

我很想回到苏家庄去把一些事情讨论一下。上午

108

又无聊地过去了，妈妈出去了，我也没有到她那里去。午后约语默去河中洗澡，乌云突起，二人同归。刚坐室中，风雨从北而来，河水猛涨。这一次的危险，算是平安过去了，没有遭到意外之事。

回来有人告诉我沈元辉来了，在徐医生那里。她从来都是看不起我们的，她带着十足的架子，不理我们而是找别人谈、说、笑。我心想自己没有犯错误，更无对不起党的地方，凭什么叫你看不起，咱碰上只不过说声好而已。无言可叙，少说为佳。

8月9号　星期一

（农历七月初五）

近日来自己特别没有计划，工作上不安，学习上也没有一个很好的领导者，文化上也没有找到一个较好的老师，因此现在自己没有什么书看，也经常感到苦闷。生活在这里，除了一些妈妈们以外只有几个小女子，什么都不懂。

晚：接淳香的来信，她又批评了我的字。我也自觉蹩脚，但没有认真改正。有时缺少深思熟虑的精神。

对于服花之问题。只怕她来后我难做工作，组织上是相信我，我对组织也是无限忠实。然而在她来后，这里的工作主要是有这几个担心：1. 怕她不安心工作；2. 她思想上的问题是否能解决？3. 家庭婚姻是否会有麻烦？我要考虑一下再和组织商量，做最后的回答。一旦发生问题，如和我有关，我来负责。

8 月 10 号　星期一

（农历七月初六）

昨天妈妈回来时，叫我到朱毫去一下。去的时候河水很急，我有点恐惧。恰好今日有集，到集上有人有牲口，我没有理由不去了，只好和大家同去。到了大河边上，人非常多，又无船，等了只怕有一二个钟头。

今日很乱，集上物价飞涨，我什么都没买，只买了两本小册子，花了七千五百元，过有一个多钟头即涨了一千五百元。对我倒还影响不大，反正我所爱的只有书，没有其他的东西了。

对于班上的学习，我现只有一个不完整的初步计划：晚上讲课，白天叫他们自习。今天晚上可以对这个计划讨论实行之。

8月11号　星期三

（农历七月初七）

今日开始做通讯员的秘密工作了。中午正在睡
觉，忽有人叫我到讲里接电话。冒水而过到了讲里，
旁人还在睡午觉，而我要马上去苏家庄。

和邓部长谈了一下，他对苏家庄托儿所的领导是
有意见的："如果苏家庄托儿所的领导不改变，我们
的托儿所也不与他们合并起来。你不要回去吧？在
这里搞一年半年的，我送你去学习，将来把你放到三
局去学电台。"

到阮医生那里谈了一下关于服花的问题。我提出
了两个条件，她很同意：1.就把她放到供给部，训练
以后，工作由供给部分配；2.决不要把她放到卫生部
和苏家庄托儿所。

晚饭后回到了家，马上又到了苏家庄，听妈说，
昨晚被人偷走两个毛驴子。毛驴十一点钟还在喟喟的
叫，到二点就发现不见了。据老百姓说，今天已到城
南庄路上找了，小偷带有电筒，三个人赶着二个牲

111

口，什么都没有带。我们追的人和偷的人相隔十几里路，骑马的话很快就能追上了。

8月12号　星期四

（农历七月初八）

昨天一下午没有休息，晚上又没有睡好，两个眼睛都睁不开来，头也有点晕。但为着工作，上午又继续给孩子过磅。孩子吵闹，我感到非常的乱，一天都没有多少时间休息啊！

在混乱中给淳香写了一信，让她收到后叫服花来工作。如果下期的培训班召开，就叫她去学习一段时间再来工作。

我可以说，在我家中的晚辈，尤其是女孩子中，我是无人能比的了，我的人生毫无束缚。

8月13号　星期五

（农历七月初九）

现在全托的工作和团结都没有大的问题，只有一个同志工作还未安排。但到全托后又遇到了一些麻烦的新事情，政治处介绍来到全托做护士的同志来了三天后便死都不做了，说是因有小孩子，做护士不便，所以不愿做护士，想做保育员。这真是没有事实而乱提意见。当我和她谈话时，她却任何话都说不出来。我再三征求她对工作及我个人有什么意见，她只是说："没有意见。"当我向她解释劝说时，她却显示出十分的难过，露出似乎要哭的表情。最后我指出：1. 做护士有什么困难，可以找阮医生谈，适当解决；2. 如果不做护士，介绍给政治处另行分配；3. 做保育员也得政治处同意并分配之，我们没有决定权。

现在政治学习气氛不大好，所以我想到讲里参加文化课。

8月14号　星期六
（农历七月初十）

眼睛有些痛，上午都只能用一个眼了，但是还没有什么关系，只留下一个眼能做事暂时就可以了。

昨晚召开了班务会，大家对某公务员提出了一些意见。今晨他来找我，谈大家对他的意见。我首先叫

113

他自己检讨一下有哪些缺点和优点，他自己什么都说不出来。大家对他的意见是：1. 工作不负责任，工作时到处跑，看人做事；2. 和大家团结不好，常常和同志们耍态度。最后他认错了，"是，我以后不这样做了。"

最后向他提出几点要求：1. 工作时不准到别处去，一定把工作做完再去玩耍；2. 和班上女同志的团结问题，哪一个都是一样的，要一视同仁，如没有事可以少来；3. 事情如何做，可和班上的同志们商量，不要耍态度，应做的工作即自己做，不要吵。

8月16号　星期一

（农历七月十二）

昨晚眼睛痛，蚊子也很多，真使我一字都写不下去了，蚊子叫得使人可怕、作呕。昨日来往客人感觉多了些，我自己很不想过这种无聊的生活。

关于金镏子和布的问题，现在只有布搞清了是怎么回事。她们姐妹二人都互相推托，姐姐硬说是妹子偷了，可是她偷了金镏子是事实，谁也不怀疑这一点。她真是的，对同母的姐妹都可以做出这样的事来，推托自己的错误，还怀疑别人，专找借口。

×××医生是大男人，可是又带着十足的女性脾气，时常犯错误。组织一批评他，他就只是哭，不说话。有一次没有请假在外面玩了一日一宿，工作没人管，也找不到他。到傍晚回去，受了批评时，一言不发只顾大哭，事后也不检讨自己。昨夜某处发生了急症，叫他出诊，他却不去，最后被所长硬叫去了。回来又是一顿大哭，什么都不讲了，只说是"路上晕倒了，病了。"

8月17号　星期二

（农历七月十三）

今天调来了四个新同志，要用什么方法来团结这些人呢？她们才来，会不安心的，况且这些人是来学习的，还会想家。当然她们很单纯，只要抓得紧，生活紧张起来就好了。同时还需要同志们来帮助教育她们。

我向邓部长提的意见得到了妈妈的认可，同时又告诉我说外面有传染病，叫我、孩子隔离住。近日来总是觉得无聊得很。

115

8月18号　星期三

（农历七月十四）

　　今天又是一天的阴雨，有许多房子又开始漏了。本想到妈那里去商量一些工作的问题，但是仍在下着雨。这一天又是无成绩无功效地过去了，到了晚上还得忍着过。有灯不能用，蚊虫毫不客气地刺着我的身体。

　　《我是怎样学习的》一书看完了一遍，特别是附录，引起了我的注意。我很想再读一遍，也希望自己在里面学到一些学习方法。我是最爱书的，它比什么都珍贵，除了书以外没有我最爱的东西了。同时更希望同志们都来看，更加细心地研究高尔基的学习方法。

8月19号　星期四

（农历七月十五）

　　几天来都感到胃不大好过，这里虽然刚来一个医生，但和他互不了解，所以不想找他看。

　　总是一无期待的，过着寂寞、没有头绪、散乱的日子。早饭后到妈妈家中，谈到了调人和上级讲话时应注意与大家互相团结的问题，如当别人说到"您最亲近的同志"时，如不加以解释，会引起同志之间的不团结。

　　我自己对这点是最有感触的，到现在为止从来都不想和任何人说一句假话，因此更不会这么说，所以对我而言少说比多说好。自己对某一件事情不满意时，总想直截了当说了，没想过是否会引起对方的不满和意见，没有加以谨慎的考虑。对上级应更加注意的，说出来就要负完全的责任啊！

　　到这边来的四个新同志，我并没有想到为什么把人放到苏家庄而不放到我们的机关来训练呢？新来的分配到哪里是政治处决定的，和我无关系。同时我自己也还不能说我有把握把所有新同志教育好，让他们安心工作。妈妈这样批评我："你思想有毛病，存在新人不要放你那里的想法。"

　　我再三声明，这是不由我的事，人的分配是政治处管理，同时因自己有着困难，更没有多管几个人的念头。

117

8 月 20 号　星期五

（农历七月十六）

　　昨天妈叫我今天同托儿所的人去听报告，中饭后他们即来了，在外面大声叫"小李，小李"，我即马上和他们一同去了。妈妈的鞋穿得很不合适，所以只有伴她在后面慢慢走。太阳将落山，我才向回跑，趟过了无数的田地，趟过了三四条的沙河。到了家天很晚了，出我意外的是，一进家，里面又在开会啊！

　　匆匆回来，现在已经七点多钟了，晚饭还未吃，因走路又热又累，吃不下去。洗脸、漱口、换衣后，参加了这个群众大会，来的时候差不多就要结束了。会议最后决定给某同志处罚：1. 开除出托儿所；2. 撤回照顾她的人；3. 开除军籍；4. 开除党籍；5. 拘在法院等。3、4、5 条意见带回常委待讨论，决定之；常委以前的意见，全部收回，不准她回讲里去住。会散了，接着又出问题了，找不到她人了。范部长吩咐我马上叫人到野外去找，大家都急死了。男同志像一群蜂似的，飞跑到各地去找了。她未自杀或者跑掉，原来是坐在门外不动了，真把人吓坏了。虽然未发生意外，但把大家都害得不轻。到九点多钟了，我还未得一时一刻的休息，饭也未得时间吃，都冷了，我仍未停一下脚。她害了大家，我也是受害人之一吧！特别是今天白天，还跑了二十多里路。还有一些琐碎的事未处理完。现在十一点半了，只有睡下。

最后是晋绥贺司令处的一位参谋长作报告，内容包括炸药、地雷的用法、防备、发现、起雷、破坏等，还有防空、飞机的形状、种类和作用，以及防空洞的地势、土质、防空应注意的事项、规定、计划，组织和个人等。

8月21号　星期六
（农历七月十七）

中午陈老和我谈到，昨晚开了会大家要处罚她犯错误、偷东西等事。但她怀了七个月的孩子，因此又另生了一诡计，想把孩子搞小产，逃避此一关。她用一根绳子在肚子上轻轻地放了一下，即说："唉呀肚子痛起来了。"经过医生的检查，完全无关紧要。大家都说她是耍死狗，只有骗人的办法，没有别的本事。

晚上妈回来得很晚，带来了我最头痛的消息。今日邓部长在郝生的提议下，又想叫我回中托去。我最讨厌叫我回中托去，也不想听到中托一切琐碎的事和非原则的意见。听了妈这一段话，我又生起气来了，决定今晚写信给邓部长转安部长，要求到组织部，死都要求学习去，我不会再回到中托了。等我改了行，就有计划地一步步实现我的理想。现在自己在机关还没有威信，即使提出意见，组织上还没有了解情况，便也不敢太相信自己。以后定要叫妈调回余继来。

8月22号　星期日

（农历七月十八）

今天时常头痛，因此什么都不想做；有时又烦躁异常，一日两眠，上午时分例假来了。我已经几个月例假前都出现预兆，有时感冒，有时消化不好。如果头晕无精神，或是肚痛了，例假来时即好了。似乎这是很规律的。

晚饭后，讲里又来了人开会，马上召集了全体同志，又来宣布关于张丽亚的问题的处理，但没有完。不能再记了。

8月23号　星期一

（农历七月十九）

今晚对张丽亚的处分作了最后决定，罪行如下：1. 不承认错误；2. 非无产阶段思想浓厚；3. 违犯政府法令，偷着贩卖洋烟；4. 欺骗组织；5. 损人利己；6. 专门剥削别人；7. 欺压群众。最后她还是死都不承认。不承认没关系，只是从此她的第二个生命断送了。但直到大会通过了，决定也作了，她也毫无什么悔意。她仍然坚持着自己的错误，现在错上加错，直到把生命断送为止。这个结果出乎我的意料，然而却与那些了解她的同志们意想的没有任何差别。

8月24号　星期二

（农历七月二十）

行军以来，我总没有再好起来，一直是瘦下去了。身体比较瘦了，心脏有点弱，因此医生给了我一百粒鱼肝油精，每日服两粒，然而现在仍不见好。今日整理张丽亚的材料，打了一个草稿，感到非常疲劳，只好休息了一会即入睡。

到下午，我整理完了她的原则错误的材料：1. 坚持错误，顽固不化，态度顽固；2. 违犯政府法律贩卖洋烟，损害人民的利益。偷东西还是小事情，只要改正错误，其他都可原谅。当然大家决定，开除党籍，是有充分理由的，不知总支是否批准呢？组织应照顾多方，更要有原则来处理问题。

8月25号　星期三

（农历七月廿一）

我的例假一连又三天多了，今天仍有，本应昨天就会没有的，不知是累了，还是有什么毛病呢？吃饭不太好，时常感到疲劳。

今天又是吊儿郎当的过去了。有一些刚来的新同志，自己又小又很感情用事，没有主见来分别好坏，更不知那个人（自己对象）是什么样的，只见了一面，就想得哭了几次，要写信叫他来，但又什么都不对大家说。她身体有病，自己又不休息，上树、到河中去玩。后来叫她谈了一次，说病了不准到处跑，好好休息，不要胡思乱想叫病更重了，生活上也要自己注意，不要像小孩子一样，也不要乱写信给别人。

晚上听说她对我们的教育很不满意，还要给人写信。

8月27号　星期五
（农历七月廿三）

两天来为了工作没有什么计划地乱做着事，自己时常感到无聊。昨晚小组开会了，有的同志提醒了我工作中要注意的问题，所以今天下两点半钟，我催陈老召开了行政会议，特别是请了管理伙食的同志来参与研究饮食问题。为着孩子而工作的每个人都向负责伙食的人提出了意见，陈老自己也检讨了工作，同时提出想把工作搞得更好，更进一步，因此推荐让更有经验的同志来担任伙食委员。

另外，为了调动新同志的工作情绪，必须把学习搞好，生活紧张充实起来，才能把她们的心安下来。因此今天特别讨论了上课的问题，一、二节政治课李协理员上，第三节卫生课由辛医生来上，第四节由我自己来上保育法，第五节开班务会，第六节是玩的时间，第七节党员内的会议。这样子生活就紧张充实了，她们的情绪就会好了。

我对她们的想法是，她们有一部分人因为在村中或学校中担任过一些党内外的工作，已经做习惯了，现在做此工作不安心。这一点我认为没有什么太大的问题。村中的干部条件门槛低，半年以上的正式党员即可任支书，那么当然她们的党龄比我们的党龄还要长些；而在文化上，她们中大学、师范等校的学生都有，所以我们实在是没有什么了不起的。自己的老资格、架子都丢掉吧！过去做的工作只不过为党尽了一点力而已，再没有什么了。

8月29号　星期日

（农历七月廿五）

现在许久未听到河西的消息了，工作较暇，所以又想起了继。电报从6月份起到现在始终未回，不知会不会是因为电报不重要，叫机要工作的同志给扣押或者丢落了，都是有可能的。所以我决心再写一封双挂号信，寄给继。秋天已到，他回来的希望又有可能要破灭了。我也不希望在冬天行军，春秋两季就很好。

8月30号　星期一

（农历七月廿六）

现在重点在于新同志的思想教育，还有安定她们的情绪，因此在各方面都得要抓得紧才能真正的叫她们安下心来。今晚特请李协理员给大家来上政治课。学习紧张了，工作搞了起来，娱乐也同样搞了起来，叫她们在各方面都没有一点空隙再来胡思乱想、天天不安，时刻在苦闷中哭闹吵，对组织不满，这山看着那山高，自己调皮，但又没有任何的目标。现在各种各样的人都参加了工作，她们都怀着不同的思想，所以这次真给了我一个考验，这么多人，用何种办法来改造，叫她们变好呢？只有自己用脑子，肯用精力来管她们，其他条件再硬都硬不过组织的教育的。她们即使一时想不通而调皮，也会如同河流入大海一样，一个党员总得要服从党的。所以我有信心，把她们改造好。我虽然一直都没有安心此工作，但始终都没有像她们这样的傻，有意见不向组织上提，使用消极对抗的办法，失掉了党性和本色。

我今天去白菜地里捉虫。这是农业生产的锻炼，我觉得一个人什么都学会了才能真正的算一个知识分子。

8月31号　星期二
（农历七月廿七）

上星期五一同介绍来了四个新同志，其中有一个在村中当过农会副主席、支部副书记，来此以后特别不安心，经常哭，睡下不动，对组织不满，消极怠工。我叫她来谈话，她的意见是："对保育工作没有兴趣，是组织硬分配我来的，我是来受训的，因为没有达到自己的目的。这里如果没有适合的工作，宁愿回中央局去。"

她也同别的同志谈："什么我都知道，现下对这工作也没有兴趣。上面不叫我做别的，这工作我也不想做，反正做不好。提意见是没有用的，死生由它去吧。我也接受不了别人的批评，我有架子。"我对她的思想、行动、表现，劝她、批评她：1.对组织不满是不对的，现在改行也是不准许的；2.有意见可以在工作中提，完全不应因此而和组织对抗，不服从，对工作消极，这是完全错误的思想；3.我们是一个党员，不能凭兴趣来工作，党员是凭党性来完成工作的，如果一个党员凭兴趣来做工作，党的任务都不能完成了，这是更错误的思想；4.别人批评你有架子，你接受不了，即使你没有摆架子这个想法，在实际表现中却形成了有架子的形象，别人没法给你挽回，只有你自己努力搞通思想，老老实实工作，这些全在自己；5.自己的前途，黑暗与光明全靠自己，你相信组织，组织也相信你，只要努力工作，老老实实服从组织，完成党给的任务，再向自己理想的前途努力，也是有希望的，如自己愿在托儿所一直工作到死，组织不勉强，自己要是不安心，不吃饭，生了病、死了，那是自己找死，革命没有功，也落了个污名，这是对人民叛变了，等于自杀了；6.自己的苦痛是自己找的，组织没有压给你。

9月2号　星期四
（农历七月廿九）

昨天很头痛，所以没有写日记，辛医生上课，我便朦胧地睡去了，然后又被陈老叫起来。屠忠顺又在托儿所的工作人员中选人呢！这个目的是不能达到的。她要人可向政治处要，经部长同意的话我们没有意见。但给哪一个她不能从中决定，因为这样太无原则了。这事又引起我的失眠。

今天又很乱，因头痛没有怎么做事。明天有人来参观，所以召开了一个行政会议，布置了工作。大家都齐心协力的动了起来，下午工作胜利完成了。

晚召集大家布置明天的工作和一些别的事情。会刚刚开完，大家都回到室内休息了。这时发现少了两个不安心的同志，主持会议的人断定她们已经开了小差走了。我主张不找她们，叫她们走吧，看她们有多大的本领，能走到什么地方。于是我只报告了上级，事情由上级去处理算了吧。上面马上派人到了讲里，报告了邓部长，回来后办公室马上就找人分三路追下去了。三路人在三个路口追去，在渡口等着，让她们今晚不能过河。果然在渡口处即给堵着了。

9月4号　星期六
（农历八月初二）

2号那天开了小差的人昨天早上已经追回来了，因有人来参观，所以暂时把她们锁了起来，岗哨来看守了一夜。她们大声地哭闹。在今天组织的谈话上，她们都承认了自己的错误，承诺以后拿工作来报答大家。组织决定叫她们搬到班上来住，她们对此也没有什么意见。关于她们的问题，一定要做谨慎解决好，不然在别的新同志中会产生不好影响。

此问题的发生对自己说来也是一个锻炼呵！行政上我负总的责任，我要反省，是否有一些人照顾得不够，或者是对她们要求太高呢？这一点上我觉得自己对新同志的要求并不算高。然而也要掂量，是否平时对一般同志的要求，放在新的同志身上便太高了，她们不能接受。新同志的幼稚也是一个很重要的原因。她们中不少人总想着先走，等另外的工作落实时，再寄信来要调走组织关系，这真是幼稚得可笑了；或者有另外一种想法就是找到同伴、同事、老乡等做证明人，让自己能过上组织生活，可想而之这肯定也是一个失望的结局。这两位新同志便是这样，为此事走了一夜，出去了三十多里路，天明就被追回来了。

9月5号　星期日

（农历八月初三）

这两天有晋冀豫来的一个参观人员，是多年来负责妇女工作的老干部，一直都在游击环境中生活、工作的。这次来参加华北联合政府的选举大会还有妇委的会议，顺便来参观托儿所，可以借鉴经验回去办保育院。参观后她没有提出什么意见来，对所有东西都可以说是满意的。离开时我们送了她一些表格之类的材料。

听不少人反映，开了小差的两个同志都对大家说，明知自己的做法是不对的，出走以后就怕了，没有介绍信，哪里会收留呢？即使是普通群众，没有介绍信同样不会被任何地方留下工作的；又怕狼，一面走一面休息，一夜只走了三十多里地，回来又怕别人笑话自己。现在真没脸见人了，只有拿工作来回报大家吧！

晚上请季凯同志报告对敌斗争的经验和一些实事。报告非常生动，特别对有孩子的妇女教育更大，给那些专为私人利益钩心斗角的人们重重打了一棒子。可是还有些人没有听，或者根本不想听。

9月6号　星期一
（农历八月初四）

下午两点钟政治处决定开大会，讨论×××和

×××开小差的事情。这样的大会我曾参加过不少，从来没有见过哪个党员独自走掉。因为这样做会牺牲政治生命，是很糊涂的事情呀！大会教育了大家，特别是一些觉悟不高的新同志，开小差不是好事，更不光彩，是没有出路的。会议告诉大家，这事不能再犯了。

9月7号　星期二
（农历八月初五）

现在组织已经决定让我离开此工作岗位了，哪一天走还不能确定。现在的工作情绪、精神都应再加把劲，多多少少都得做出一点成绩来。如果吊儿郎当地过去，走后自己还是落得一个不好的名声。最困难的是学习，一直都无人管，今天要设法组织起来，叫他们记日记、作文、学生字等。在工作上也得组织起来，有次序地抓紧。时间一刻都不能浪费，到玩时可以玩，到做什么时一定得做什么，不能混成一团。

9月8号　星期三
（农历八月初六）

近日真可说是成了懒鬼，今天拉了两次肚子，头又痛，所以什么都没有做。日子一天天地过着，很多人工作非常混乱。昨晚有一小孩上台阶迈错了脚，碰青了鼻子。今又是一个新同志打闹而受伤了。不可否认这是我们工作中的失误。

9月9号　星期四
（农历八月初七）

现在人不断增加，问题也同样地增加着。人多，工作的效率却并不高。今天为此事我再次提出，对那些人应该早一点处理了，以免在搬家后房子住不下。不能工作的人都要调走才好，两个刚来的新人，一个是什么都不想做而不是做不了，不听劝，很凶，对孩子特别不好；另一个刚来不久，还没有做什么工作，就搞恋爱，影响工作情绪。还有一个来得久一些的，同样不好好工作，不知为什么总是歇斯底里地又哭又笑，不学习，死不进步，好吃懒做，只知道到处跑。组织决定把她给某人做老婆，我非常不同意这样做，但是我不在托儿所，如何处理她和我无关。

9月10号　星期五
（农历八月初八）

昨天上课，晚上又开了班务会议，还有别的事情，很晚才搞完了。

关于托儿所的工作，作出了以下决定：陈老做所长，王语默接我的工作。十几天后就可搬家了，搬了之后我即可以走了。一切问题都解决了，我的学习问题也会随之解决了。部长说照历史经验，半托很难搞好。母亲们的意见非常多，特别是带着自己的孩子时，只想着私人利益，这是很难处理的一个问题啊！

近日来身体总是不太好，但是什么原因却总是弄不清，所以今日下定决心打一次虫子来看一看。

9月12号　星期日

（农历八月初十）

我从来没见过某人这样像是八辈子都没有过老婆的男子，只要是一个活的，女的，别的什么条件都没有也可以的。像××，是个脾气非常古怪甚至有点歇斯底里的人，什么工作都不能做，就算是这样的女人，某人也要。这样的两个人只能做一对消遣的夫妇而已。她只能做个没用的老婆，除了被男人压在身下，发泄他的性需求以外别无所用。他们要是在一起了，这种愉快也是暂时的，痛苦还在后面呢。

9月14号　星期二

（农历八月十二）

昨天为了学习，整一天的时间都耗过去了，回来又参加会议。

现在国民党的飞机三天两头轰炸石家庄，不知哪天便会飞到此地来轰炸一下子。我自己很担心，这里的孩子可不要出了什么岔子，特别在自己将要走的时候要出了什么问题，怎么办啊！

我现在决定了，明天让组织开介绍信，让我去学习。顺利的话，我的一生的理想就要实现了。个人的终身大事也会跟随着解决的。只要好好地学习半年或者是一年，工作调动上也没有什么困难了。但眼下工作尚未交接，鉴定也还没有做。准备过了八月十五中秋节后即走。

9月15号　星期三

（农历八月十三）

今天心中总是有些不安，防空工作也非常紧张。现在可以和大家谈谈，在做鉴定之前自己先来反省一下，减少大家耗费的时间。首先征求了同志对我平常工作的意见和印象等。

妈给我带的信今天晚九点还未见，不知是何原因！

9月16号　星期四

（农历八月十四）

　　自己精神上有些不痛快。我和语默平常什么都在一起，说笑、聊天、闲谈。昨晚××同志和我讲有人对她有意见，今天上午上课，又有客人来，她有许多工作忙，所以没有时间找她谈，下午我又替她这个要照顾孩子的人去上课了。语默有心事，只是没有提，记在心中，再加上我对她提意见，造成她心情不愉快，今天吃晚饭后的时候就哭开了。我承认，我说话不够注意，然而如果被提意见的是我，即使不满也不会因此而生气的。为什么平常都很要好的一个同志，为一两句话就会如此呢？我自己也觉得非常难过，自己不能再这样冒失了。她这个样子，这是催我在此少住几天，走得快点，叫她早点接受工作吧？我就求尽快脱离琐碎的泥坑，把自己一切精力都放在工作上吧！

　　晚开了娱乐晚会。

9月17号　星期五

（农历八月十五）

　　我的介绍信终于拿来了，但组织上始终都不大同意我改行，什么原因呢？是否傅部长还想叫我学习一段时期再回来工作呢？是否怕我改了行再没有任何回来的希望了呢？我不但不满卫生部这样不统一的领导，而且再不愿听到这样对双方都不好的消息，所以我一旦走了便再不想再回来了。我自己生来就是这样古怪的性情，谁要骂我、讲我，我都不怕，除了我的两个家以及有工作关系的人外别的我什么人都不管。有时间多就学习一会，闲事少扯为佳。

　　明天想去党委一谈，我到什么地方去学习都决定干此了。不管什么学校都好，我再没有回来做保育工作的想法了，虽然我有三年多的工作经验，可是我总没有安下心来。现在应当从多方面来检讨一下过去的保育工作。虽然大家对我都很好，特别是在生活上对我的照顾，然而我无法来回报大家，更不能满足大家的要求，再继续工作下去。

9月19号　星期日

（农历八月十七）

　　昨天跑了整整半天，到党委去谈学习问题，但是始终没有确定到何学校。我把自己的意见提给了组织，表达了要学习的愿望，将来做何种工作应和学什么联系起来，还要参考历史材料各方面的条件来决定。想来想去，我决定还是交给组织上去调查商讨决定较好。我只是提出我个人的意见，组织一旦决定了，我没有别的意见。回来将近两点钟了，又渴又累，路上又碰上妈妈，一同回来了。

　　近日来学习是马虎了一些，同时也有些乱，一天到晚瞎忙琐碎的事情，不知做了些什么。我始终想着能去学校，即使不能去，能改行就很好了。提高文化并不是不到学校就提高不了，我始终相信这一点。当然如有适当的学校，正规化的中学或某大学的高中部等，那就更好了。自己确实基础水平很低，能再学一二年为好。但现在没有这样的学校，中直更没办法来设立了。我只希望得到一定的时间来学习，在工作中来努力提高自己，那是最光荣的，同时也是更宝贵的。有了经验、有了工作的成绩，自己就能从中建立自信，有了本事再来做行政工作或党的其他工作。

9月21号　星期二

（农历八月十九）

现在精神总是感到疲乏得要死。昨天晚上
×××和×××举行的结婚典礼上有几个简单的戏，
大家都去跑去看，自己则感到全身无力，头有些晕，
就没有去，早点休息了。

9月22号　星期三

（农历八月二十）

昨天有人讲育才中学内高中、初中各年级都有，
所以我今天提出了自己的要求，想到育才中学去学习
一二年，到时候自己再做什么谁都不敢来阻挡了。现
在不同意我改行，我只好不改了，将来谁还能限制我
的理想前途吗？

我们的辛医生昨天走了，给我开了一些点鼻子的
药，不但用了不见好反而更重了，因此我觉得很不

安，再请阮医生来看，果真辛医生药的分量下得太重了。他真是做什么都做不好，当然啦，他在此的主要工作做的还过得去。但他对工作没有及时检查，单独处理问题的能力较差一些吧。

9 月 23 号　星期四

（农历八月廿一）

自我来此将有五个多月的时间了，可是很少人向我的工作提出意见。大家不会没有意见的，但是都没有提过一字。我自己不说，又没人来提醒的话，总检讨不出什么来的。个别人还是提出了意见，如有人认为我偏重了学习，检查工作不够；还有人说不知我在这里干什么。前一个月就有这样的反映，小组也从没有和我讲过一字，虽然我们每天都在一块，什么都说，但她们从来都没有反映过我的缺点，同时她们自己有意见也不提。今天有一个同志和我谈了一下，反映了一些意见，这使我非常高兴，因为大家有意见而不说等于害了我，给工作带来了损失。

9 月 24 号　星期五

（农历八月廿二）

晚上召开了班务会议，对 ×× 同志的意见提得
多了一些。她病了又乱跑不休息，对自己的身体不注
意，让别人对自己产生了意见，再加上自己本就有某
些缺点，别人对她提了出来，她有点接受不了。

9 月 25 号　星期六

（农历八月廿三）

今天召开了商量搬家的会议，决定于星期二全部
搬完，所以必须要动员大家一下，做一下准备工作。

唉，我的手续什么时候才能办完呢？打电话问
了一下傅部长，他昨天才收到我的来信，可是不知什
么时候才能处理呢。我的矛盾在于是改行还是去学
习，最后我的决定是，在亲爱的伴侣没有来时，借此
机会还是到学校中充实一下自己，等他回到这里再同
他一起去做别的，那时自己也有一点知识啊！如一改
行，再没有到提高文化的学校里学习的机会了，只有

进党校了，可是我自己文化还低得很呢！现在的社会是日渐前进着，我们也必须更努力来学习提高自己各方面的能力啊！

9月26号　星期日

（农历八月廿四）

现在看来，我不能在搬家以前离开这里了。不管如何，只要一分钟未交工作，即要继续工作下去。这是一个党员应有的品质吧！

今天为着搬家又去看了一次房子，回来整理了一些公家的东西、书籍等，又瞎忙了一天。

9月28号　星期二

（农历八月廿六）

昨天开会开到很晚了，本想写四个人的鉴定，但是一个都没有写完大家就争吵起来了。有些意见她根本不接受，反而影响别人的工作情绪、互相的团结，闹得大家不愉快。

大家所盼望的一天终于到来了，还没有到十二点钟，大家都陆续走到新建起来的地方，这里有崭新的景致，四面都没有住人，只有我们这一堆人在这里独自工作生活。没有大路，更没有便利的水路，但是我是喜欢在这里生活的。

9月30号　星期四
（农历八月廿八）

昨天到了朱毫，又到了夹峪，事情还未有最后的结果，不过大体上是出不了中直的范围了。确定我到机训班去学习了，去哪一个机关还未确定。回来时肚子真的饿了，不巧得很，回来又没有饭了，只有等着晚饭吧。我们在这里等着饭，留在下东峪的人闲得无聊到处乱跑。×××同志是刚来的一个新同志，在家中什么都没有做过，更无人敢管她，所以养成了懒惰的习惯和一些不好的思想，想出风头、骄傲，又喜欢说三道四，大家都感到此人自高自大、能说但靠不住。

我来供给部将有五个月了，只认识那里有工作关系的几个人，其他的人都不认识。我很讨厌这样乱扯拉的人，没有什么事发生还好，一但有事怎么都无法洗清自己。估计她在不久的将来会受到批评的，别出什么事情才好。

10月2号　星期六

（农历八月三十）

近来自己很没规律地生活着，可是这是在过渡的关键时候，搬家后还没有安定好，工作没头绪，更谈不上学习了；我的调动始终未解决，自己总还着急的呀！所以现在的工作可说多少受了一点影响，在学习上更是没有什么组织计划了，日记也没有天天写，有时就懒了过去，时常不知道写些什么，就只感到无聊寂寞，除此以外没有什么别的感觉了。

10月3号　星期日

（农历九月初一）

天气忽冷，大家都增加了衣服。今年的春、夏、秋都将要完了，我们也将要到冬天了，即要准备一切过冬的东西了。

我和语默正在温暖的阳光下谈着××人的思想问题，忽接到铁志的来信，我的笔还在他手中，可是老孙早已调回，所以他并没有找到他帮带回来。这倒不是什么了不起的事，笔不能捎来我便不要了。又听说淳香调到党校学习，自己心内实为惭愧，工作不但没有成绩、而且在这三年多的过程中也没有任何的进步，使我最难过的是没有得到任何学习的机会。自己总有一个念头，能够得到一个适当的机会去学习一下，充实自己的头脑，可现实完全可能让我失望！那么我只能希望调到一个比较适合自己性情的工作上，那么自己即可以向着自己努力的方向前进，努力前进！前进！前进！

10月4号　星期一
（农历九月初二）

晚召开了支部大会，这是一个单独的新支部，大家在选举刚开始时即提到了我，因为我走的时间还没有确定，所以我不但不能公开说明我要走了，更无法推辞说自己不干。既然大家选上了我，我在一天即工作一天吧！今晚接受了党给我的任务，成了托儿所支部的干部了。可惜自己能力太差了，无法来报答大家的希望。

10月5号　星期二

（农历九月初三）

八点多钟接到了秘书科的信，叫我到党委办手续，还有妈妈来了电话，即去了。到了北庄见到了李唐处长。一谈他们表示欢迎，后来又要留我住下。但我的工作未交，请假也没有谈下，所以不能住，只有回来了。回来后得知组织上决定了调我到二科去。

10月6号　星期三

（农历九月初四）

今天交了工作，但鉴定未做，到晚饭时才做好。我自己写了几封信，没有时间到别的地方去了，只有赶去上课。明天即走了。

10白7号　星期四

（农历九月初五）

　　上午把手续办完了。我和孩子们告别时被他们用手抓得紧紧的，寸步难行，一直拖了几十分钟，最后实在无法脱身，只有跑了，别无办法了。到了党委，和刘华峰同志谈起了张丽亚的问题，因为没有讨论，党委现未做最后的决定。另外谈了一下老冯的事情。

　　下午即到了目的地，见了李处长，学习的事情看来又完蛋了，我要求到训练班去，他却不让去了，说："训练班的性质一是审查了解你，你不需要审查和了解了；第二上课是学习党章，你已经学过了，再学也没有什么学的了；再一个，技术是要最后才学呢！现在根本不用学，因此不如在实际工作中来学习比较好呢。"最后的决定便是跟着他做实际工作了。

10月8号　星期五

（农历九月初六）

　　自己感到有些生疏，和别人的相处也一样，各方面都不熟悉。自己有些寂寞，虽然有些人是在过去前就认识的，但是却没有在一起生活过，因此有许多的不便。今天开始练习各种字，也有人来给我们讲课，如历史、语文、算学。以前什么都没有学，所以有许多地方都很难懂的，感到无头绪。

10 月 9 号　星期六
（农历九月初七）

晚上祝贺了夏大姐的妈妈八十寿辰，她虽没有做多少实际工作，但是保护了我们的党，培养了夏子胥同志，所以我们的领袖给了她光荣的称号，是我们党的光荣母亲。她为保护我们的同志和党的利益而影响了身体，患了胃病。

10 月 10 号　星期日
（农历九月初八）

今天和某同志初步聊了一下，她是非常软弱的一个人，身体上、工作上、个人的生活上都表现如此。

她介绍了她的经历和过去的一些情况，还有这里的工作情况和制度，以及应注意的事情。我现在的态度是，因为什么都不了解，所以还是少说一点为好，不要太冒失了，当头给别人一个不好的印象，因为我个人的性情太耿直，一不注意就会发生得罪人的事。"人生如马闯，日久见人心"，到最后是会证明我的为人的。

来此将有三天了，不断地想起妈妈。因我来时没有见到她，不知她最近的情况如何，其他的事情有何吩咐。本想来此可以见到她，可是不巧得很我来的那天正好是她回去的那一日。

10 月 12 号 星期二
（农历九月初十）

现在"三查"的机会又放过去了。托儿所没有好好的查，到此"三查"已结束，再加上别人的不了解，所以无法再把这个运动搞下去了，这个千金难买的机会又一去不再来了。可惜得很，我又失掉了机会。

来此几天了，现在感到有许多地方自己还摸不着头绪，今天听了李处长的报告，才知我首先要提高技术，才能单独工作，再求深入学习。所以我现在只有努力学习技术。我在政治方面多少有着一点基础，在领导工作上多少也有了一点经验，只有学了政治才能掌握好技术。

我现在的苦闷和寂寞在于，没有什么可靠的帮助，更没有一个要好能谈心的人。因此现在如能和亲爱的伴侣继在一起那是多么愉快呀！别的同志多少有些客气，对自己抓得不紧或要求得松，这样实在是害了我，对我没有任何的帮助。这是我初来的感觉，就常常想起亲爱的继，想念他的时候又涌上了一阵阵的惆怅和寂寞，又恨起了摧毁我们安全的蒋介石。他带给我们痛苦和分离。

10 月 14 号　星期四
（农历九月十二）

昨天大家都忙着做被褥，再没有做别的，只有下午召开了业务座谈会议。许多同志都谈了自己在工作中的经验，但我有四分之三的都不懂，所以自己没多大兴趣去听。

现在练字时，我感觉到拿笔的方式方法是很重要的，它的作用也非常大。

另外，和我在一起的一个女同志，素来性子弱，又加上自己的心胸狭小，造成了她的苦闷。她恋爱被男人骗了，精神上受了刺激，自己就时常哭，有心事不敢说，别人看不起自己、态度不好，也没有力量来抗争。我也一直认为她太软弱了，无论做什么都是这样。

10月16号　星期六
（农历九月十四）

现在我成了一个自由兵，什么都没有规律，在日记上更提不起兴致按时写了，办公室内人太多，因此很不便住在室内；短棹少灯一无所有，坑坑洼洼，桌腿是坏的，单子是破布，歪歪扭扭不三不四什么都不成，更谈不到写日记啦！

"三查"总结报告有不少的缺点：1.支干没有讨论总结的材料；2.小组的总结未做完，更不了解全面的情况；3.突然作出了出人意料的总结报告，大家议论纷纷，争吵不停。又来了一个更出大家意料的是支部改造，会前根本没做准备，当时同样得不到大家的同意。

10 月 17 号　星期日
（农历九月十五）

在很早以前曾有一个同学去苏家庄看过我一次，当时我有事外出没有见到，使他失望而归了。

我来此十天整了，现在离他只有三四里路，决心今下午去他那里一次，可以谈谈往事。我们曾在中班，同做队尾者。那时他是那样的顽皮，现在却是长大了，高了，不像那时幼小顽皮，不过那爱说的习惯还是一样的。我对他的认识就是一个字，"吹"，说话比较厉害，现在在学校也还是一样。

10 月 20 号　星期三
（农历九月十八）

昨天上午总司令给训练班的同志们作了一个报告，主要是为了打通他们的思想，说明机要工作是有前途的。现在的社会是电气化的社会，提高了文化将来可以搞无线电、造电灯，可以按着自己的意愿再进修，可以做发明家、创造家。再过三年不打仗了，时代不再需要军人和战地记者了，大家都要改行的。

我们生活在中央机关内真是幸福极了，时常能听到首长的报告、指示、谈话。我不再想离开中央机关了，同时还希望将来要学会全套知识，搞一门电力技术，那是最好了。

10月22号　星期五
（农历九月二十）

妈妈久日未来信，昨晚去西柏坡看电影，本想会与她相见，可是不巧得很，她参加会议今下午就回去了，我又不想多来回跑，这一次只能又失望了。

现在我有时非常寂寞，没有一个要好的人在晚饭后一起玩一下，聊聊天，谈谈工作、技术等。周围的人都还不太合得来，因为我还在学习，没有和他们一起工作啊！

盼着余继能回来的那一天呀！这里什么都很好，只缺了一个诚恳的互助者。我很想找一个水平比我高一些的同志，毫无阻隔地帮助我。苏华同志当然很好，她是妈妈老朋友，但我却一直未敢大胆跟她讲呢！

10 月 25 号　星期一
（农历九月廿三）

这次给全体同志做了一次数学测验，成绩特别差，在我所参加的考试中这是生平头一次吧。在这几年的工作中真把一切不用的东西忘得一干二净了。我还是到第三班去学习较好。

我这古怪的性情啊！发了棉衣，算是给我增加了一个负担，我设法去换一件，想回到妈妈那里去调剂一下。

10 月 27 号　星期三
（农历九月廿五）

早饭后，出乎大家意料之外的，召开了一个紧急动员大会，大家都从平静的生活中警醒了。这是争取胜利中的困难，也是敌人最后的挣扎啊！傅作义这次用五六个旅来打石家庄，也有可能在阜平、平山搞一次大的破坏，叫我们的军民都不安。蒋介石明知是送死了，他的嫡系部队一来便再不能回去，但他也不顾人民安生，还给我们找了不少的麻烦。蒋介石现在又逼我们行军了，再不想叫我们生活在这里。明天老小就要开始转移了，托儿所是最麻烦的，不知妈妈她们会走到哪里去啊！显然敌军的嚣张是暂时的，长不过几天，我们就能够把敌人消灭了叫他再不能前来，我们就可不再转移了。

10月29号　星期五

（农历九月廿七）

来此时间也不短了，可是自己的进步特别慢，练字也是同样未好起来。

我们办公室内，同志们相互间开玩笑似乎是打冷枪一般，时常冲撞到别人。特别是对×××同志，因她过去受了刺激所以现在自己有时想不开，也成了他们开玩笑的对象，时常搞得她没办法。因为我不了解具体情况，有时我只笑笑为止再没话了。我自己觉得是应向组织提出建议，不应让同志们开她玩笑了，这会给她精神造成不快，叫她难过，这是不好的开玩笑了。副股长也太过直率，有时真叫人受不了。我从来都未碰到像这样的一群人，但他们对我还未敢如此开玩笑。我也决不会做出同样的事情。

11 月 1 号　星期一

（农历十月初一）

几天来敌人的动态一直变化着，五个师又增加了两个师。不管蒋匪在东北如何打败仗，现在还有心来进攻我解放区的城市石家庄。我们异常忙乱，互助调剂了工作。现在转移牲口的困难加重了我们的负担，工作又特别多，我五内麻乱，看着别人忙死，但我却无正事做，别的什么都做不了，只能代看电话。昨天做了一些准备工作。可恨的鄂匪友三昨天被我军打退了，可是今天又出动了。

11月2号　星期二

（农历十月初二）

晚上到了西柏坡听周副主席的报告，主要的内容是对家属们说的。但也谈了一些新的东西，我记得的缺头少尾，再加上自己组织能力差，不能把它写出来。

基本上我们组织家属是为了解决战争中的困难的，应当前后方努力配合起来，前方安心、后方放心。只有这两个东西才能巩固我们家属夫妻的感情：1.经济上独立；2.政治上开展思想工作，自己有了技术本领，什么都不怕，也不怕谁提出离婚。党保障我们有工作，有饭吃，什么时候都可做工。怕什么呢？我们现在成了一个国家了，有了大城市、铁路、火车、汽车，我们还要建立国家的统一制度，统一纪律。

另外谈到男同志看不起女同志带孩子生孩子的问题。的确有这样落后的男同志存在。女同志比男同志多一套本事，即是生孩子、带孩子，然而除此之外还是可以工作学习吧！我们的长远任务还得叫后代来完成呢！我们的家属是光荣的。

157

11 月 4 号　星期四

（农历十月初四）

两天来头总是有些晕，再加上自己的性情，时常忍不住冲上一阵烦恼情绪。有时自己就在着急，但这是没有用的，只有虚心、耐心，努力地学习工作才行。现在我周围的同志工作能力都很强，全处数一数二的有的是，当然股长今天谈到这能力的强弱不是永久的，要不断学习提高。学习的机会应当抓紧，不然以后很难得到。按我个人的估计，经过学习，半年以后我可胜任单独的工作。也可以说这是我个人的计划。

11 月 7 号　星期日

（农历十月初七）

伟大的十月革命节三十一周年的纪念日，多么热闹啊！可是我今天好多事没做成。本想约弟弟回家去玩，因这次搬家，又怕妈妈没有回去，所以连电话都未打。当然自己有言难尽之，过年时再回去吧！

今天在这山丛中，明年的今天则会到城市去了！在不久的将来就可庆贺中国革命的成功吧！到那天我们一切人都会相见，过我们用心血换得的自由、幸福、美满的生活啊！

现在我已走上与亲爱的朋友同样的工作战线，我们虽然不能通信更不能相见，然而是暂时的，我有信心努力工作来创造我们重见时的欢愉。虽然我已落到了您和弟弟的后面，我还是下决心来追赶你们。工作要有基础，则一切好做。我要从了解基本情况开始，在各方面都要掌握一定的基本知识，如××首长管具体的哪些工作，各种用名、习惯、组织机构等，假如不了解我党的政策、各个时期的中心任务，就会在工作中闹出许多的笑话。因此我感到这很重要，打算从以上两方面着手来努力。

11月9号　星期二

（农历十月初九）

早想写一点日记，可是总没有时间，似乎心中有账未还一样的不安。为了庆祝十月革命节和全东北的胜利，处长讲了话，谈了今后我们的任务，新中国的成立会来得更快了。因此自己又想起了工作的问题，对于练字的一向马虎成了现在最大的缺点。字写得不正规，笔划有时少了有时则多了，主要是练习得少。

实在是麻烦，用的东西乱扔。我从后方运回来的东西现找不见，洗脸盆也不知谁拿去了，不见了将近一星期。又懒得经常为这些问人，显得把自己的事情看得那么重。所以我宁肯不用都不想到处去找，真是麻烦呀！

有许多同志自己工作少，对组织上不满，有两个同志谈到工作就互发牢骚。想多做工作，这是进步的表现，然而从另一方面来说不应在私底下说，应向组织提，组织若不接受，就一直提到最上级。

11月14号　星期日

（农历十月十四）

由于小组长还未定，所以在汇报时无法做决定。昨天傍晚时和小组成员谈了一下，意见很不统一，从谈话中也了解了一些同志的思想作风。也有人向我提出了意见，说我性情孤僻不爱接近人。其中有一次，张殿华让朝群叫我，当时我在看报纸没有应，这事也被提了出来。我觉得一个人初到一处首先应了解当地同志的思想作风，不然没有办法和别人接触啊！除此之外没有其他意见。当时我即猜到这肯定是朝群说的，但没有明指出来。她很软弱，对某些事情有时搞不清，常常有话不痛快说，对自己的工作成绩就大说特说；有意见不在正面提而在背后乱讲，总觉得组织故意不给她工作做。刚才讨论的时候，她还说："我觉得一个新同志应当晚睡觉才好哩！"我知道她是说我睡得早了，当时我没有理她，其实我没有那么多任务要做，自然回来得早点。她如果正面向我提意见，我不会有意见的，这样指桑骂槐地讲反而引起我的不满。

11月17号　星期三
（农历十月十七）

现在自己感到工作中有许多困难，很多都是自己的原因。我过去生活在比一般同志要高的环境中，由此在这里就产生了自满的现象，一般的看看写写之外，再深一步学习的劲头就小了；以前做的工作多半是行政事务和卫生工作，现落个半途而废，功不成名不就。字写不好，而且常丢三掉四。

这里的生活虽然没有规律化，但大家都还在为了工作而忙碌。这里和我一个多月前的生活环境是相反的，那里是情事、私事乱撕扯，可是在这里忙得没有片刻停留来谈私人情事和个人的生活享受。每天都忙到深更半夜才能回来，甚至一室内的人都很少能见面，每日起床后便各自忙去了。

11月21号　星期日

（农历十月廿一）

昨天开了一天的会，为了批判一个同志小资产阶级的落后表现。他文化程度很高，但思想意识是最坏的典型，有风头主义，个人想站在大家的头上，一切都压倒别人，作风凶狠，充满着自高自大、毫不向别人学习的态度。批评他的同时也给大家上了一课，我们也要反省自己。

晚上发生了做梦都想不到的事情。处长给了我一封信，是亲爱的余继写来的，当时我应了处长去看江青同志，因此并未及时详看。这真是让我最兴奋的事，晚上都失了眠，早上也睡不着了，感情和兴奋激动了我的心，无法压制。

今天是育英小校的开校典礼，又是星期日。前几天工作实在忙，今日较闲，因此到妈妈家去玩。昨晚打电话给小龙可是始终未打通。

回来时，和处长一路谈着某同志的思想作风问题。

11月26号　星期五

（农历十月廿六）

几天来胃有点不大好，再加上感情的激动，时常糊涂得很，除了工作以外也不知自己在做什么。天气日寒，晚也不能睡好觉，拼命叫自己不要想杂事吧，可是都情不自禁还要去想。当工作起来便忘记了一切，寂寞很自然的又冲上脑海，五脏内似乎都被搅动了起来。

我牢记李处长的一句话，他说："一件事情要叫它成功，得努力一次、二次、三次甚至更多，不要灰心。"

我相信这话非常的正确，不要向困难低头，必定成功。

11 月 27 号　星期六

（农历十月廿七）

　　昨晚和我身边的一个女同志谈起她的个人问题。她本和我们的副股长是有着恋爱关系的。对她说来，他有着相当好的条件，可是她的幼稚常常叫他失望。她这么大的人了，到现在还是如此的幼稚，总被人讥笑，被人讽刺。也曾有人说了她不少，要让她意识到问题，不要太幼稚了。他对她工作学习上的帮助都使她佩服，她对他基本上提不出什么意见来，唯一就是他生得不漂亮，还是一个矮子。她有浓厚的小资产阶级意识，时常带给他精神上的苦闷、情绪上的低落。很多人都看不惯她的作风。

　　我认为她在这方面不应给他压力和打击，她有很重的小资产阶级意识，追求外表漂亮、美观，不衡量自己到底有几斤几两重，也没想过以后的苦乐，我觉得她并没有真正的为爱情做长远打算。

11 月 30 号　星期二

（农历十月三十）

星期日和三年前的二位同学在一起畅谈往事和一些人的工作情况。我都未料想到，在战争时期还会遇见他们。其中有一个同学家中来信再三提到他的个人问题，他也在我们面前说了，叫我们参考意见。"本村有一个十八岁的女子高小毕业了，她本人也是同意的。"因为毫不了解她的情况，所以他暂时未做肯定的答复，我只能说我个人的想法：1. 如人可送来，经组织批准送入学校去学习最好；2. 不要把感情提到第一，首先从学习政治文化、互相帮助开始，打好基础；3. 一切事情还未落定，也可能在结合以前经历一些波折，这是正常的；4. 如果两个人有了分歧，不要悲观，也不要灰心。要把她引向光明的前途，给革命增加力量。

12 月 3 号　星期五

（农历十一月初三）

一年又将要完了，可是现在过的生活可说是太散

165

漫了，工作摸不着头绪，非常烦躁。后来和别的同志谈了一下自己的计划，每天也要检讨一下自己。苏华同志叫我给托儿所的保育员讲一些卫生知识，这是我的义务吧！我无条件接受了，过去上了一段时间的课。自己也想了一下，现在我还在学习，无法具体安排时间给她们正规的、有计划的课程。要有信心把托儿所办成是解脱全处的女同志的地方，让大家都能在很短的时期内，放下孩子参加工作。

12月7号　星期二

（农历十一月初七）

现在思想上总有一些念头很难放下。随着胜利的日渐临近，自己很自然地产生了思想波动。这些波动与以往有所不同：

（一）感到自己的能力低，工作能力差。跟不上时局的发展，将来做什么？自己又可担任什么？这些都是必然到来的问题，同时更应该做出实际努力才对头，不然愿望会成为空想。

（二）将要走进大城市了，害怕在政治修养不强、比较幼稚的时候，不能理智控制自己，走向腐化、浪费；组织的纪律是很严格的，有些同志对组织有了不满，有些男同志想找个漂亮的老婆，甚至把原有的老婆丢到"九霄云外"，这类问题时常发生。

（三）我对这些问题早在思想上做了准备，要好好对付这些问题，叫它们在我的面前消失。要加强自己的政治学习，从现在起不要想在大城市如何吃好的、穿好的，到处出风头。城市里还没有那样单纯，没有像我们的根据地那样自由，必须经过一个时期的斗争才能整顿好。在生活可能变好的时候，不能忘记每一个被压迫的民众。

12月10号　星期五
（农历十一月初十）

今天的工作总体来说是没有什么收效的，因为自己没怎么上心，不要求进步，工作没有成绩，学也学不成，急躁的性情又冲上来了，增加了自己的负担。人一烦躁起来，头也不自禁乱、晕、痛，可是这样一来，更不能平心静气地做事了。自己知道这样不好，不但不能进步反而影响自己的头脑，可也没办法。一件事情没有做完又去做另外一件事，我做不到放下来未完的事而专心致志去做新的事，所以有时两件事都不能很好地完成。

12 月 11 号　星期六

（农历十一月十一）

今日去听李培芝同志传达妇工会议的决定报告，在思想上教育了每个同志。我也存在许多报告中提到的缺点，如缺少钻研的精神等。明天有时间把它总结一下。

12 月 14 号　星期二

（农历十一月十四）

今天又过去了，可是总算有点收获吧！参观了从没见过的一个展览会，也长了我不少的知识，为什么要在现在的情况下来一个"反奸保密"行动呢？我感觉这是非常必要的，既能增加我们的知识，又能让我们今后可以甄别特务的可疑行为，能在胜利后更复杂的环境里破获特务，警惕自己，保卫党的力量。

展会设有许多我们未听说过的东西，"暗杀弹""钢笔手枪"等各种暗杀工作都有，还有破获敌人密件的方法等。

今日大家都在谈论着我们进城的问题，到那时我们可不能在城里到处去玩儿了，在大城市里，如果不警惕一定会吃亏。我认识北平的老乡他姑母家中的表兄，他是剥削人的资本家，我自己要理智，反对、批判他。自己也少外出为佳，否则容易搞出不好的事。

12月20号　星期一
（农历十一月二十）

最近自己在胡混，这次测验学习成绩和掌握的程度太差了。我知道自己一贯对学习是一知半解的，常常感到表达的困难，往往是内心准备了充分的意见，但是到讲时总不能把它的中心意思说得让每个听众都明白。平时也是如此，说话太简单化了，不能让别人感到我是在帮助他，一点也不柔和，反而很生硬。

在学习中，大家有不少的争论，有各种不同的意见，从资产阶级的革命性来说，有人说"资产阶级是无产阶级的间接后备军"和"资产阶级革命性的问题"，这引起了大家争论。我认为资产阶级在一定时期和历史的条件下，有它的革命性；但它不是我们的后备军，因为它在社会发展到一定时期则变成了无产阶级要坚决消灭推倒的敌人了。资产阶级的两重性，表现在只有在内外革命力量的压制下，或者是帝国主义的侵略压在它头上的时候，它可以起来反对帝国主义，因为对它自己不利了。在某一时期，某一历史情况下，可以算是变化的革命性，但一过这个时期则成了相反的东西了。

12 月 23 号　星期四

（农历十一月廿三）

在星期一的晚上，妇女小组讨论了李培芝同志的传达报告，我给托儿所的保育员上了一个钟头的课，回来参加了会议。总结的意见：

大家都检讨着自己，有几个通病：1. 胆小；2. 自己看不起自己；3. 忙于生活的琐事，不重于学习；4. 很多人比不过男同志，没有男同志进步得快，今后一定和他们比赛。

除第四小项外其他我都同意，我认为不要强调和男同志比较高低，如果强调比、追，无形之中会让大家不从实际着手，陷于幻想的圈子里，并没有好处。因此应在实际中和他们共同努力工作、共同进步，先从最低级的小事着手做起、学起。我们在某些地方就是有胜过男同志的有利条件。女同志的细心等品质优于男同志，当然光有这一个是不够的，应努力学习各种知识。总之不要过低地估计自己，悲观失望，但也不要过急地来要求自己，变得不老实、虚荣，自己在幻想中兜圈子，更不能进步。

12 月 26 号　星期日

（农历十一月廿六）

我生平第一次参加了"同志审判会"，天很寒冷，大会在庄严的气氛中开始了。新华社发生了一件不是人能做出的事，一对夫妇有共同的思想毛病，个人主义达到了顶点，违犯国家法令犯罪，溺婴。

男的是主犯者，为了自己的英雄主义，加上老婆有两个孩子，觉得拖累了自己，所以在第三个孩子未生前就不想要他。孩子生下来后他下了决心，挖了一坑，在六月四日晚亲自埋了并放上一石头。他也知道这样是不对的。

女的是享乐主义，好吃、爱玩，曾受党内两次处分，延长了候补期。觉得有孩子自己做什么都不方便，一切为自己打算，未能坚决地制止自己在思想上的动荡。她的孩子生下来还没有二十四小时就没了，孩子只有活的权力，没有死的罪过啊。组织对此问题要追究到底。

他们受到了留党查看一年的党内处分，行政上也给了量刑的处分，并通告全党，让他们都明白了自己的罪行。这次批判会教育了他们两个，同时也教育了参加会的每个同志，更是给了领导们值得检讨的一课。

12 月 30 号　星期四

（农历十二月初一）

一九四八年将无情地过去了，给我们留下了什么？有什么任务没有完成？一九四九年的方向应如何？这些问题又不由提上来了，在脑子里旋转着！同时也非常想念亲爱的继。

我生平的理想，到现在为止只不过完成了初步而已。

1949 年

1月1号　星期六

（农历十二月初三）

在这一年中自己应该如何去做，又拿什么来响应时局的要求，真应该好好思考。现在我成了一个拖拉鬼了，学习根本谈不上，自己还总认为没有时间去做。本想把往日的日记翻阅一次，找出今后努力的方向，以及还存在着些什么缺点。这是应该好好反省的，反省得好会很有价值的，但是现在的脑子特别迟笨，怕做不好。

今年的努力方向：第一，不管行军还是驻军，都要做到完全掌握工作并且精通；第二，在学习上更进一步，特别在文化上应更进一步，数学要学到比例以上，文化上也要克服写错别字的缺点；第三，坚信我们在一九四九年的胜利和相遇吧！在这个问题上，自己有时感到寂寞，没有一个真心朋友陪伴，向自己提出意见、批评。现在我和继并不大在此问题上费工夫，也不能为了解决性的问题而在一起生活。平津打下后，太原是没有问题了，华北和西北可以连成一体了，那时的交通也便利，我即可向组织提出个人的要求来。我想应该没有什么问题的。

1月5号　星期三

（农历十二月初七）

现在有个别人向我提出建议，特别提到我和余继的问题，我不知道他们为什么替我俩着急，为什么他们觉得我们将来会分离呢？这使我在思想起了一种抵触感。这是个人的事，不管结果如何都是个人的事，全由自己负责，并无任何后悔。从个别的人的谈话中我发现，我们的事是组织及某些高级首长都知道的，只是欠缺一个正式的手续而已，因此我俩的关系是被默认的。

1月13号　星期四

（农历十二月十五）

现在我不知道自己在做什么，每天乱抓一把，一天忙到晚什么都做不了，所以自己常常苦恼。加上近来很多人为生活问题而影响工作，自己也很讨厌这样。我就想不通此问题，为什么有人要把许多的精力放在不正确的爱情上。组织应为这一批幼稚的男女青年指出明确的方向，叫他们多靠近组织，不要只知道私底下恋爱。

大家对我的意见还是那些，缺点不是那么快能改正的，自己始终还是好静，又不善交际，因此总叫别人认为自己难接近，有些孤僻，甚至摆架子等。不太能和大家打成一片这个问题，处长再三强调不止一二次了。那么，是不是我思想意识上也有毛病呢？不，这只是一个方法的问题，是一种不好的现象，并非本质不好。

近日身体不好，感冒，心脏也不好。上次九号星期日去看了妈妈，弟弟还是那样的天真、活泼，我最关心他的组织问题了。

1月20号　星期四
（农历十二月廿二）

近日来自己的感冒一直都没有好，有时工作很多，自己又不能很好地休息，所以生病时间更久了。学习业务也好，政治也好，自己的成绩都谈不上好。最简单的东西都不会做，有个问题问的是党员每日要做的事，我居然答不出来，更感到惭愧。现在各方面的学习都说不上有任何的成绩啊！在这样的工作环境中也从来没有中断写日记，只是不能保证天天写一篇，平日里也不知做了些什么事。今日传达李涛同志的报告，叫我们警惕起来迎接胜利，准备吃苦，到城市去改造世界。

1月25号　星期二
（农历十二月廿七）

×××人在前天自杀了，这种行为以前很少听说，也给了我们一个永远不会忘记的教训。在这里也可以看出资产阶级的立场，他在人民解放战争将要胜利时感到个人走投无路了，因此背叛了党自杀了，这是可耻的，更是错误的。（编者注：作者此处评论属当时环境下的个人认识，并非组织结论。）

我过去曾在最烦躁时有过不正当的想法，得到继的批评，他的批评非常对。今天也有事实证明了，我们只有斗争才有进步。现在我没有任何的顾虑，更没有任何的留恋，只有坚定的信心，相信胜利必然是属于我们的。在上次给继的信中曾有说得不对的话。不是我不重视工作，而是在他的环境中工作比我更应该被看重，同时也不应该把工作和学习对立来看；而我总觉得时间有限，工作和学习是有点矛盾的，可以说这是我思想上的毛病。我想写信向继说明想明白的这些和我今年的计划。今年上半年的任务还没有完全计划好。

1月26号　星期三
（农历十二月廿八）

现在我有时间着手我的计划了。下午开会了，宣布要慰问前方战士，动员大家做慰问袋；党委也宣布了婚姻条例，条件是男三十，女二十以上才能结婚。这是很好的，叫那些胡搞的人被党的纪律约束着。

××同志要入党了，进入了候补期。经多番讨论后大家的意见并没有统一，因他系贫农身份，出身苦力，然而当时入党时他自称出身是学生，对此不说实话的表现，组织决定给他一个候补期。现在我们可以把他的出身按实际情况定下来，重新改为苦力。可是缩短候补期是没有理由的。候补期中他确实有进步，但也没有什么超人的地方。再说人的成分是不断变化的，三五年或者更短更长，它是随着社会变化而

178

变化的。

2月4号　星期五

（农历正月初七）

　　我思想上的波动不时地反映在斗争中，为什么自己在交际上总感觉苦闷，这到底是什么原因？不能全部归之于个性。他们对我有意见，说我骄傲，但又讲不出实例，都是在一点一滴的小事上来计较的。虽然在我看来真是说不过去，但我常常为这个而苦闷，可惜没有参加"三查"，也没有参加整风，这是我最惭愧的事，没有得到锻炼的好机会，加上主观上的不努力，这些思想毛病不能很快地克服。

　　大家做个别谈话的兴致特别高涨，我不习惯整天谈了这个谈那个，暇余时间都拿来做个别谈话了。我自己做得非常不够，被同志反映说自高自大不能和大家打成一片。这个问题在昨天参加总支集体组织的活动中和多数人交谈时被提了出来。个别交谈成了一个形式，没事也要谈数次，交谈已经转为个人例行公事的机会了。这很不好，我一直对这个不满，却没有提出个人的意见。我认为这种做法即使有好处，也是助

179

长发展小资产阶级的意识的。

2月13号　星期日
（农历正月十六）

自己没有掌握任何一点技术，也不了解别人的看法，因此很多人为了一两句话而对自己产生了琐碎的意见。自己的威信，和同志的关系还是因此受到了影响。我的认识总是和他们不同，他们专门看一个人的态度好坏，当别人态度不好时就根本不想和他在一起工作。扯到我的问题，我只有检讨我自己对别人的分析和批判，加上这些本就是不好说清的，因此对别人的意见我不能有什么异议。问题虽不大，然而毕竟不好。自己要想办法，不但要弄清这些问题症结所在，还要促进其他同志在思想上得到改造。

2月21号　星期一
（农历正月廿四）

前两天忽然接到电话说我父亲已经来了，真是奇怪，以前我再三都叫不来的。我对家中是没有什么顾虑的，现在生活定比以前好多了，人不多，生活没有什么困难了。我对家中也没有多少感情，更知母亲和一般的母亲不一样，不会整日想她的女儿。

父亲比几年前苍老了许多，但身体还好，对儿女也无比关心。他关心我个人的问题了，我也告诉了他，我决不会做对不起你们大家的希望和关心的事，现因我们工作很繁，时刻都不得停，不久我们还要离开此地，只能叫父亲回石门去住，无法多留住了。

我在工作上始终都不见进步。许多同志都来帮助我，自己却还是不能领会，对一些小的技术都不能掌握，已经工作三四个月，什么成绩都没有，这是非常遗憾的。关于余继，付处长和苏华同志都答应我将他调回来。在我、继、苏华同志三个中，我是水平最差的一个了吧！

2月26号　星期六

（农历正月廿九）

西北的干部们都回来了，苏华同志又和我开起了玩笑："他（指余继）可以回来了。"现在我在想，他回来当然可以在工作上给我帮助，特别是在技术上，可是说到底，我的愿望是否能实现呢？他们开会还未结束，还未作最后决定。

现在组织上做了不少准备工作，比如入城前的教育，不断地开会、传达报告等。我脑子里不断地涌上一阵阵的烦躁，可以说真不想到城市里去，总想在战争中或农村中生活，觉得这是最自由幸福的。

我对城市的印象是不太好的。现在必须要回城市，我们的任务会更艰巨了，工作会更繁重了。我们要注意去掉农村中的自由散漫的作风，比如早晨随便跑到外面散步等；更要学习各种常识，改正自己的不良习惯等；最重要的是防止腐化，别叫特务把自己引上钩。

亲爱的继，望你很快回来，我们共同工作、学习，特别是关于我的日记，总没有人给我提出意见来，有时我真寂寞到无法形容了。有时真恨我自己为什么这样不争气。

3月3号 星期四

（农历二月初四）

我自那天起，总在想着余继的消息，今天去问了苏主任，才知妈妈已去北平，余继已到电台工作，所以机要科又无法调来，这只怕是不太好办的事罢。妈到北平后也可能将继调回来，因此我也不想给他写信了，如果信还没有收到，他就已过来，那就白白费了一封信了。当然组织上对我们是非常关心的，特别是在工作上，我更应努力学习技术来报答大家，决不能因个人问题影响工作。我对此问题的认识和付处长的认识是一样的。我和余继的关系公开后再不会有人来追问。这二年多的生活我过得特别舒服，我完全相信继的一切，要求调他回来，和他结合，是为着我和他工作学习在一起，共同进步，并不是专为个人问题而要这样去做的。政府的法令党员应完全遵守，年龄不够也决不会违法去结婚。

3月9号　星期三

（农历二月初十）

现在实在是又热又懒了，近来工作是少一些，可如此一来锻炼也少了；在学习上是有相当的时间保证了，可我什么活动都不想参加，因此别人经常来说我封建，不参加各种活动。我认为这并不是顽固、封建，真顽固、真封建的表现并不是这样的！

今年的"三八"节是和任何一年的"三八"节都不同的，是在全国将要得到全面胜利的前夜，是在人民政府成立的前夜，各位将军都来参加这个纪念大会，是特别有历史意义的。

陈将军特别指出了某些女同志有超阶段、超阶级的空想，他说，只要踏踏实实地在某一工作岗位上做十年，定会有成绩的，一定可以整理出一套工作方法来的。

3月12号　星期六

（农历二月十三）

昨天下午开会，才了解了这村里的群众为什么和我们搞不好关系。此地老百姓对公家太苛刻，只知道要钱，我们要是弄坏了东西，赔了钱还要把东西原物都给还上。我们花了钱，但他们为我们做的事情还不如我们不来时他们自己做的好呢！比如朱毫的桥，修得还不如以前。尽管我们本身做得非常到位，但这村里有二、三派存在很大分歧，村干部也很不好，区、县都无法解决此问题，群众很难团结起来，我们也无法把它完全搞好。工作团搞得有点"左"，但也无法再纠正了。

（中直）今天宣布了出席全国妇女代表大会的代表名单，妈妈排在第一名，我们非常高兴，有这样一个伟大的妈妈，的确是我们后辈的幸福、光荣。可惜我自己不争气，和任何一个人都比不成，每日都感到空虚，无聊，每日胡思乱想。可是自己知道着急是没有用的，它不能使你进步反而增加了烦恼，阻碍了进步。还是从最小地方做起，不断进步吧！

行军后的杂记

3月28号　星期一
（农历二月廿九）

到二十六日为止，经过了三天的行程，可以说大家终于从土人变成一个正常的人了，只不过被晒得太黑了一些。在路上自己有时也在做内心的斗争，到了石市的时候，和铁志他们住在对门，不免又想去看一下。可是组织上的纪律是不准请假，那也只有遵守。

当然这次的行军是胜利的，也是幸福的。去年三月的行军之后，自己的身体再没有好起来。以前多次行军条件都不太好，工作的任务也比平时更多；这次不但没有繁重的工作，而且还坐上了汽车，因此就速度而言，本须半月以上的时间的，这次仅用了三天即到了目的地。在城市里，有些地方我是看不惯的，生活也不太习惯。这个城市被特务控制多年，一切都不大自由。是的——现在不但要和一切敌人作斗争，还要坚决遵守党的纪律，不懂的要马上学。党给我们的任务是改造城市和建设城市。我们过散漫的生活久了，在这里总是觉得有些地方不大自由，一时不能改过来。现在必须丢掉散漫的作风，回到自己的家，整理自己的家务，这是一个艰巨的工作。在这样的环境中只有加强我们的斗争性，加强我们的组织观念，更要加强我们的斗争性，才能抵制一切诱惑，改造城市、建设城市。内部的斗争也会增多，并且更加尖锐，自己也同样有更激烈的思想斗争。我就很想去其他地方多看看多走走，可现在的环境是完全不可能的，整个团体利益必然战胜个人利益，我必须为党的工作留下来。

4月6号　星期三

（农历三月初九）

前几年，我也曾梦想过去中国的文化古都——北平。那时不管敌人如何猖狂，我总有信心，胜利是属于我们的。今天是真正的到了城市中，而且还到了过去一般人不能去的皇帝游玩的场所，有名的中山公园，里面有浩大的建筑物和美丽的风景。中国第一次妇女代表大会和展览会，便在这里召开。我们花了极短的时间潦草地看了一遍，并没有留下多深的印象。

我们参观的房子共分五个房间，里面的东西多半都是照片和各种产品，有自己亲自手作的用品和从地下挖出来的金子。这些东西分别是妇女们劳动的结晶和胜利的果实。参观使我们增加了胜利信心，坚信妇女的解放、全国的解放即将到来。从照片上看到敌人对我们姐妹们进行了各种残害：刘胡兰之死，全家被杀只留下三个孤儿；还有许多被敌人杀死的姊妹，她们悲惨的经历使人落下同情的泪来。对敌斗争的英雄中有许多都是老年人，如张家口的赵芝兰，四次捕入狱中并叫她陪绑，她却英勇不屈；在生产上，她们也掌握了机器技术，做鞋底比手工做一日效率高了八倍；在政治上，她们觉悟也很高，在东北沂源的四十四村里就出了四十八个优秀的正副村长。

展览会的一角

"生的伟大、死的光荣"

刘胡兰，

你真是一个

好同志

好党员

好有骨气的女孩子

你在敌人的威胁下

绝不屈服

英勇镇静

你知道：

咱们党员多

同志多

老百姓更多

杀了你一个

会激起千万个

你生时

为穷人翻身

为妇女解放而奔波

废寝忘食

不辞劳苦

咱全村人民都说

你是好孩子

有出息的孩子

你虽死了

可是咱全村人

咱全文水县人

咱全解放区的人们

都还记着腊月二十一

——这血的日子

阎锡山的子弹

没有吓倒你

张全宝的铡刀

你没有屈服

你——

"生的伟大

死的光荣"

你这一死

使我们

更坚决

更勇敢

更增加了胜利的信念。

胡兰同志

安息吧！

我们就要胜利

将来消灭了反动派

捉着了阎锡山

一定到你坟上去祭奠

（一九四九年于文化古都北平、中山公园）

两个献词

你们有许多好处，有很大功劳，但你们切记不可骄傲……如果你们骄傲起来，不虚心不再努力，不尊重人家，不尊重干部，不尊重群众，你们就会当不成英雄与模范了。

——毛泽东

只有千百万群众的劳动高潮和劳动热忱，才能保证劳动生产率有蒸蒸日上的增强。

——斯大林

4月10号 星期日

（农历三月十三）

现在是任务较少的时候，因为一切工作尚未走上正规化，所以组织上多组织大家去参观。西郊的风景正好，谁想失掉这游览的良机呢？所以大家都列队而行，进入了伟大的"中山陵"。这是建设三十年尚未竣工的工程，在每一个小的环节中，都是非常细小而精致的雕刻，用各种美丽的色彩，修起了许多我看来没有任何作用的东西放在那里，特别是那神仙造像和五百个罗汉。这是资本家拿了金钱、工力、时间等不可计算的资本和力量建造的吧！为了永远纪念中山先生，修起了塔、植起了树，还有养鱼池，各种的花、泉水等。但我觉得这是剥削了全国劳动人民的血汗而修起的，我们确实为了纪念中山先生而要保护这个大的工程，可是不能不忆起旧社会中那些资本家，把钱拿来修他们游玩的地方，但是那些农民，被税收和劳役逼死的不知有多少啊！这美丽的场所让我忆起了劳动人民被压迫和剥削的历史，还想起了许多被封建地方资本家欺压死的同胞们。

4月11号　星期一

（农历三月十四）

　　妇女代表大会上，由苏华同志开始作报告了。报告中的有些东西已经在《人民日报》上刊出过，但大会的隆重却是远出乎我意料之外。今天不但看到了照片而且亲历了大会的每个环节，那样庞大隆重的场面，我没有足够的文化程度来形容她们说的实际例子有多么生动，总之听者没有不落下同情的泪的。特别是讲到上海的女工起来罢工，没有一个人被反动国民党吓倒，敌人开来了铁甲车和武装队来镇压罢工，所有的女工都躺在路上，阻挡敌人的铁甲车向前开，没有一个人走开；有一位开铁甲车的工人下车叫女工起来后，开车直向敌人的铁甲车撞去，自己也死了。斗争很惨烈，但女工仍不停止，她们跑上楼，拿水枪射击冲破了敌人的进攻，把机器上的零件都拆下来向敌人投去。敌人最终用了最毒残的手段，放毒毒死了几百个女工。这么壮烈的斗争事迹，不能不叫我们听者流泪。（女工占全厂6/7的人数）

4 月 30 号　星期六

（农历四月初三）

从今天开始我们开始上早操，所有人都参加。但还是有些人不习惯过这样的集体生活，就产生了无组织无纪律的现象。××同志以值日为借口没有出早操，又把科里的布告撕掉，这是一种无组织的表现，引起了大家的不满。不止这一次，在大会上他还受过总支的批评，但他始终都没有改掉这些毛病，他就怕过组织生活。

学习成了我们目前唯一的任务了，如何把工作和学习结合好是我现在考虑的问题。不但要让自己成为一个勤奋的学习者，还要发动全体同志努力，大家成为一个集体模范，推动全科的学习。

近日从训练班调来一大批新的同志，他们在作风上非常腐化，有许多年轻男同志吸纸烟，个别女同志也同样在吸。现在我们经济还不宽裕，不应有这这些坏习惯的。可是他们竟然都不管总支的号召，仍是大胆地吸。这样的人只有拿纪律来管束才行。

5月4号　星期三

（农历四月初七）

现在自己有繁重的精神负担，比什么都痛苦。我的字写不好，这让我很不快活，想着自己干脆去学打字好了，或者把现有的字体全改过了，不然自己实在无法应付来。晚上醒来了几次，也哭了好几次，自己都觉得可耻。不应流泪的，可是这种事理智怎么管用呢。日本帝国主义，阶级敌人都还在猖狂，自己又不努力，都是造成现在不可消除的痛苦的原因。

5月6号　星期五

（农历四月初九）

这个星期六又是我电话值班。上午总支召开了关于一个同志的座谈会，谈作风问题。近来有许多从训练班来的同志，作风非常不像样子。活泼是可以，无限制的活泼就不是青年人应有的作风了。吸烟的人躲到厕所里去吸，特别不遵守行政规定。类似的事情还有很多，唠唠叨叨都说不完。他们也没有好好做自己的生活计划。生活全在个人，小的问题应当在不妨碍工作的前提下花零碎的时间好好整理整理才是。

我总想不通，有些女同志为什么进步那么慢呢？总支曾花了不少时间召集全处的女同志开会教育，但不知下面的行政单位又是如何帮助妇女在实际工作中克服缺点的。女同志在主观上本就有些毛病，必须努力学习，克服自己的弱点。

读报的一角，刊登了××同志一直在坚持做的工作日记。他用了三年多的时间，写完了二十多个本子。他有坚定不移的精神，初投稿经常不被采用，但他却没有灰心，在党的培养下加倍努力，后来成了为人民服务的作家。

这也激起了我坚持写日记的信心，近来到此以后一度觉得没有写日记的必要了。但现在看来，既然自己已经坚持了一年多，就应继续把它坚持下去，从现在做起。

5月15号　星期日

（农历四月十八）

生活非常紧张充实，每日都有事干，因此自己的个别计划不能完成了。例假期前后，身体更劳累了，有时心脏不大好，也影响到自己的休息，自己也特别注意到了这一点。为了将来能多做一些工作，现今在不妨碍工作的前提下，我要多保护自己的身体。

各种会议都在北平召开了。一个下午，伟大的人民领袖毛主席、朱总司令接见了青年代表大会的全体代表，战斗英雄、海军、男女学生们是那样高兴，军乐声和呼口号声连成了一片。一位南方人发出清脆的献词，她兴奋得好似哭了，她感动了大家，引起了观众的欢呼和注目。她说在台湾和南方的生活如何受压迫，青年无法生活，"毛主席救出了我们，解放了我们的家乡，我们应努力跟着毛主席，保证完成你们给的任务。"

5月26号　星期四

（农历四月廿九）

现在每日都在紧张的学习运动中生活着，可是我总是一天到晚没头绪，工作学习都毫无收效，让别人觉得总是打不起精神似的。确实是有一时学不动了，主要是关于组织提倡的应付挑战问题，经党小组长再三催促，我还是对以置之不理的态度，因思想精神上的负担太重，就实在不想再管这些事了。自己其实是有力量把学习搞起来的，只是没有努力去做。

6月1号　星期三

（农历五月初五）

几天来头总是不停地痛，生活又是那样的紧张，可是我什么成绩都没有，尤其在精神上，更是掌管不了自己了。晚上常常不能睡着，但是到了白天又头晕得不能支持，主要是心脏第六音跳进的关系。这不是一时可以治好的病，我又有什么办法呢？我的无精打采也引起了别人的不满，说我情绪不高，工作不积极等。但是我却了解自己的情况，我并没有不如别人，也决不会因别人说我就闹什么情绪。今天的会使我委屈，脆弱的情绪一下子暴露出来，落下了眼泪，我真从来没有这样过。当别人不了解我的情况时，我就要及时让他知道真实原因才好，我的确没有为自己辩解过，所以造成了现在的结果。

6月25号　星期六

（农历五月廿九）

从十一号到了妈妈那里后，日子都过得很闲，今天一上午又是无聊地过去了。她谈到和张同志的关系，不知道要不要带上亮亮一块儿过去。我知道她是非常爱亮亮的，除了亮亮，她再没有小孩了，我们这一群人也不能时刻陪在身边安慰她，亮亮可以给她精神上的慰藉。因此我建议还是要亮亮跟去的好，免去她在精神上的寂寞。

她又委托我给亲爱的余继写信，因为我的邮箱没有搞好，因此拖了好久才写。

7月3号　星期日

（农历六月初八）

我很早就想写一点日记，可是总没能记下一个字。同志们暴露了许多问题，并且，还有很多问题在不断发现中。他们都有浓厚的自由主义和无组织无纪律的现象，我痛恨这些，反对这些，我要与它作无情的斗争，我决不会看着它来腐蚀同志和我们的党，损害党的利益。他们对组织、对上级的命令表面上是完全服从的，可是在下面却是谁都知道，他们违犯党的纪律，恋爱没有经过组织同意，没有一个人向组织报告的，这是非常不好的现象。一个党员要是没有原则性了，关于组织的事都只问自己的爱人，结果一定会形成"小广播"式的错误团体。

最近很想回家去看妈妈，有些问题想和她谈谈，可是因工作忙，连学习都没什么时间，有些事情又怕她误解，只好还是在电话里和她讲一下吧！可又觉得不好讲。

7月8号　星期五
（农历六月十三）

这几天不断发现有违党纪的现象。我发现了某两人私通的信，看过之后把信交给了组织。信中不是光私人恋爱的事，还有过去和现在发生的对组织隐瞒、对同志欺骗，组织私人小集团，替别人拉关系等等非组织的行动。他们到现在都没有认识到自己的错误。而且这次要组织大家讨论这些问题的时候，有些人竟敢把一些信件撕毁，企图不让其他同志们了解此事。大家指出了他们的错误，然而他们自己不但没有认错，反而要继续错下去，和组织对抗。

这次事件给了大家一个深刻的教训，尤其是我。因为她家庭出身等都较好，我一向对她印象很好，没想到她却如此没有觉悟。

8月6号　星期六
（农历七月十二）

开始了新的学习，大家要相互提意见、作评价。大家说我主要的缺点有两个：

1. 主观上不努力学习业务，没有主动做各种练习；思想上不重视一些细节的工作，因此进步非常慢；别人提出了意见没有很快改正，总是强调客观理由来原谅自己。

2. 一贯就有的思想毛病，性情急躁，孤僻、清高，不能和同志们打成一片。

8月13号　星期六晚

（农历七月十九）

近来外面新来的人甚多，也有不少的同志调走了，我总想着离开这里，或是余继能如我所期望归来。继近来又没有来信呢！有时在工作少了静下来的时候，我便会想起继的来信，想着他何时归来。

今晚接母亲的来信，信中提到新同志闹不好的事叫我解决好，可我又有什么权力管这些事呢？因我不了解他们的情况，很难解决，也怕和组织唱反调了。

这次的评级学习即将过去，我们的收获不小。现在大家都认识到了自己的优缺点，我们也终于放下心病，心里悠闲了许多，生活得更愉快了。

8月28号　星期日

（农历闰七月初五）

我们的工作走上正轨了。人在丢掉旧的习惯、思想时必然会在脑子里作斗争，丢掉原来所熟悉的一套，面对新的一切。这过程中总有许多困难，经历必然的思想斗争，只有斗争才能改进我们的工作和思想。也有一种人，在学习别人的好的方面的时候，失掉了自己的创造性，也被同志们提出了批评。总的来说，大多数同志们都接受了新的方式方法，少数在思想上未弄通的，也只有服从大多数的意见。

在自我评级这个运动中，我一切都感到非常的愉快，生活节奏也非常紧张充实，可是这些都没有使我忘掉亲爱的余继。在梦中，我常常和他在一起来来回回地走着，一边谈着什么；时时刻刻，我总是在想着他，在分别三年多的时间里，我从没减少对他的感情，反倒比以前加深了。这是什么原因呢？我自己也不知道，我现在只有一个念头，全国的胜利早日到来，继早日归来。

9月6号　星期二

（农历闰七月十四）

星期六的时候大家开始选举他们所尊敬且能代表他们意见的党代表。我荣幸地被选了出来，但我很惭愧，觉得自己不能完全代表大家的意见和希望，但我会尽我的一切力量去做好。

十点钟大会开始。首先是苏主任传达了××同志的报告，主要内容是要我们理解中苏真正的友谊，不要轻视自己，纠正认为美、苏都可以学的错误思想；现在必须学习苏联的政治、文化、技术，不再学美国的技术了。

9月8号　星期四

（农历闰七月十六）

党代表会的召开是成功的。这是总支的第一次会议，大家是那样紧张，某同志刚讲了几个问题，时钟就叮当响了，八分钟过去了。时间似乎比任何时候都过得快，讲话声和钟声消没在人群中，一个十分钟又一个十分钟，代表们讲了四十多分钟，几乎讲尽了一切，大会才顺利结束了。

会上解决了许多问题，做出了今后的计划，定下了今后学习的方针。

9月20号　星期二

（农历闰七月廿八）

前去看妈妈，晚上接到了小龙的电话，我邀他回来玩。第二天他回来了，我们谈了一下，得知妈妈最近很苦闷，她有些想法出乎我们意料，甚至因张同志的事想不通。当时弟弟看了她的日记，说了她一次，她还是那样的偏执。除了克克能给她精神上的安慰，其他再没有什么了。现在她又埋怨我改行，当然我改行后对她来说，在工作上失掉了一个可靠的助手，在精神上也失掉了一个安慰。但我总不能永远和她在一起啊。因此我们除了给她物质的帮助，每月将钱分给她一些外，也就只有抽暇多过去玩、多陪她罢了。只是她这样的情绪使我感到非常难过。

10月1号　星期六

（农历八月初十）

今天是历史前所未有的一天。我们党奋斗了二十多年，在今天终于迎来了这个胜利的结晶，在这里数万的人们在人民的共和国里参加集会，庆祝人民共和国的成立，还有人民新政治协商会议的成功召开。会场是庄严的，每个人都是兴奋的，入场的队伍犹如长龙从各个大门前向里飞。到处飘荡着红旗，无数五角星列成了长蛇队，红色的国旗和党旗都多得叫人难以算清。十五点召开了我们的大会，领导们讲话的时间并不长，毛主席宣读了公告，指任了六位同志任职。朱总司令向全军的指战员下了命令。

开始阅兵了。我们看到了步兵、炮兵和各种大炮，自己的海军、自己的空军和坦克机械的部队，这仅是我们军队中的一小部分，但他们代表咱们的全军出现在天安门的广场上。

11月5号　星期六

（农历九月十五）

头都晕了，但我想记下一点心中的话。现在情况的变动难以预料，近月里有许许多多的同志被调走，又增加了许多新的血液，人员时刻在变动。我们的工作范围逐渐扩大，可恨的是我们还不能完全胜任工作，因此即使人数空前增加，工作的效率却没有提高啊！

近来我母亲来信说想我，当然我也很想家中的老人，几年来都未见一面。近来更不时想着亲爱的继，在闲暇时寂寞无味，想寄信给他。可是亲爱的继，总没有听到你的消息，信也无法投寄。但我坚信，这是考验我们的良机，我们的诚恳和信心会战胜一切的困难，更会坚固我们的爱情，它会结成钢铁一样再不受任何外部的影响。我们现在都还不太大，又何必着急呢，当然你要是能回来，我们在一起工作是最好的。

11月7号　星期一

（农历九月十七）

今天是苏联十月革命纪念日，××人在此举行了结婚典礼。他们的结合速度之快出乎所有人的意料，每个人都说时间太短，他们俩认识尚未到两个月即结婚了。她是那样的没有主见，自己不乐意的事，仍勉强同意，似乎没有见过男人似的。她自己知道大家是不看好他们的婚姻的，然而她还是不顾一切的反对，这么快就结婚了。

1950 年

1950 年的 2 月 14 号　星期二

（农历十二月廿八）

昨天晚上发生了一件意外之事。当我们都在开会的时候，有一位同志叫我出去，说道："小李，出了事，×××人生小孩了。"当时我很惊奇，为什么突然就生孩子了呢？同志们很希望我能将这事搞清楚。我虽然是胆大的人，却从没有见过这样的事。我们都是一群没结婚的女孩子，应该没人会搞出这些事的。当然她生孩子这事不是突然冒出来的，她因为私人作风的事时常受到大家的批评，然而却始终都不接受大家对她诚恳的帮助，竟做出了这样不道德的事。同志对她是多么愤恨呀！都说根据她的道德品质来看，发生这事不是不可能的。

这事发生后，我总想不通，一个受了党的教育又时刻处于党的培养下的人，竟会做出这样给党、给我们的机关丢人之事。她做的事不但是不道德的，而且是违犯党的纪律的。这对机关、对个人、对整个党都会有不好的影响。

别人发生这事，总得给我一点刺激，我时刻都要牢记着她们因为自己的不负责任，做出了不应做出的行为。所以有时候我想起亲爱的继时，无形之中会有个念头冲上我的脑子，未婚生孩子是多么可怕的事啊！我坚信自己不会做出这样的事。同时我坚信继也同我一样，不会在肉体上向我迫切地进攻。假使亲爱的继提出这个要求，会马上遭到我的拒绝。当然我爱继这是不可改变的事实，但我也得想到结婚必然要遇到的事，为此要有正确的认识。我有时在想，感情是最可恨的东西，当我想起亲爱的继时，马上冲上我脑海的就是一个不理智的、感情用事的自己，这可能导致发生多可怕的事情啊。一个不能很好地管理控制自己的人将会做出什么样的事情啊。我坚信自己决不会和那些无道德无原则的人一样做错事。

3月17号　星期五
（农历正月廿九）

近日来大家都在为参加最后一战而闹得热火朝天，有许多同志交了报告和请求书。他们都是为了什么而要求去呢？多数人是想在最艰苦的环境中锻炼自己；当然也有的人想法并不单纯，是因自己在中机威信不高或因私生活影响了工作学习和同志的关系，想借此机会立功，才三番五次地向组织吵，要求参加打台港的军队。这些是不正确的想法，我们应当只有一个想法：一切为了战争的胜利，而不是为了个人想摆脱现在的环境去争取参军。对组织有意见，就大胆地向组织反映提出，不应为自己的威信不好，就要一走了之。缺点不改正，即便是三天两头调动，都是同样没什么好结果的。威信只有自己来建立，决不是靠组织和同志们来替自己建立。总之一切过失都要靠自己弥补。

上月十三日发生的那件意外又到了处理的时候了。总的说来这件事是违犯了党的纪律，而且当事人也不老实到极点了，怀了孩子也不立即向组织报告，反而用220药假装例假，在道德上也是极不合理的。

为什么我们的女同志大都不关心这个问题呢，我想主要有两点原因：1. 我们有些同志对生活事务不关心，一些对党不利的坏思想还在部分人中存在；2. 有些同志平时和她关系搞得很好，处处都同情她，因此对这事一点都不管，更谈不到给她批评和处分。但这样违犯党纪的事，终归会逼在我们的头上叫我们来处理解决。我们要反对这样的行为，我们有责任来教育她，帮助她，使我们的机关不要再有这样坏名誉的事出现。

3月21号　星期二

（农历二月初四）

昨天组织宣布了我将去参加解放台湾的决战的决定。这是最后的战争，当然我自己并没有什么不同意的，但许多同志都很奇怪我为什么没向西北走反而走向了东南呢？我在此的学习非常紧张，成绩也非常好，但有些问题闷在我心里无处可说。回西北继是不同意的，到战争的环境里生活更紧张，他会更顾不过来。我是从来都不想谈到自己私人的事，更不想为个人的事情给组织上找不必要的麻烦，因此这次的调动我没有提出私人的要求，就算是为了集体，我们不应当把自己的问题看得多了不起，我也决不会因此而影响了工作和情绪。

3月27号至29号　于南京

（农历二月初十至十二）

二十七日，我们整队离开了可爱的香山。我们于去年的今日来此，今日又向它告别，整整一年多几个钟头。为了工作，为了祖国，我们一行四十七个同志在李延长和全体同志们的热烈欢送下离开了。在和每个同志握手时，每双眼睛都送给了我希望和信心，他们热烈地欢呼："再见！"半年后再见吧！我们都没有什么留恋，个个怀着一颗愉快的心直奔向正前方。我们也只有拿实事来报答同志对我们诚恳的帮助和热烈的欢送了。

二十七日十六点二十五分，我们由北京出发了。在火车上整整坐了三十二个钟头，胜利完成了乘车的三大任务——吃饭、睡觉、玩。大家都感到非常高兴。二十八日的二十三点多，我们胜利渡过了长江到达了南京——我们的驻地，这时已经一点多了。我们从北京到南京，从江北到江南，从电灯下到豆油灯下，从睡床到睡稻草，但是我们一点也没有感到难过，反而感到无比高兴，大家都没有一个沮丧的，并且情绪都很高，因为这是我们锻炼的好机会。这次来的许多同志，大多数都没有经历过这样的生活，而今天也没有任何的怨言。这是给我们的第一个考验，战争开始后，那时的生活环境会给我们更严峻的考验吧！

3月31号　星期五

（农历二月十四）

我们的生活非常充实，来此成了海军的一员，我们更感到无限荣幸。现在大队还没有全到，所以现在还不能开课，更谈不上正规训练了。这时最需要自己管理自己的进修，但有些同志却不能抓紧学习，不管什么时候都是玩，晚上都不亮灯。我知道晚上是休息的时间，而且也不好把此问题明着提出来，但自己的学习应自觉抓紧才是对的。

在离京前胡处长曾这样对我说："这次调你去，也可能看到余继，我们尽量争取调回他来，实在不可能就把你调过去。"但是否胡处长会记得这事，那就很难说了。当然也希望能在这里和亲爱的继见面，不知是否会如愿呢？现在是不敢肯定的，再过几天等西北的消息来了，才有定论。在组织尚未决定我来之前，我也没有料想到这个心事可能会在这里如愿。当然即使亲爱的继来了，在这几个月中也决不把它看得那样重，因为现在我们是为工作而来的，决不应把私人的事放在前面，否则会给别人留下不好的印象。

当然我很不想让大家知道我个人的私事，因为现在是党嘱咐我们来完成任务的，没必要谈个人的事情，在未完成任务前决不能叫它影响我们的工作和学习。我时刻都想念着亲爱的继，但我们要是到了一起，随之而来的是个人感情的加深，我怕到时候自己不能保持理智。我相信我们现在各自学习，共同努力，决不会让感情抹杀了理智，做出让别人不满的行为。

到南京以后，我感觉街上讨饭的很多，泥巴多，卖油条的摊子多，这是给我最深的印象。我在生活上是不会提出更高的要求的，我也不会忘掉这里百姓的生活状态。还有一点，这个城市到处都是厕所，一出房便是街，街上又到处都是饭馆。

4月2号　星期日
（农历二月十六）

我们都觉得来的时间还太短，远不够了解情况。今天是星期日，上午做了一个简单的调查工作。我们玩似的随便走访了几家，据了解大多数住户都不是本地人，是从外乡搬来的，许多人都是在种地时回到乡下种地，到春秋无事时又回到南京来做生意。因去年遭了天灾所以家中无事可做，本地生意也做不成，因此吃饭成了大问题。我们每到一家，他们便会将他家如何无吃无穿的困难提出来，这便是我们调查所得到的结果。关于这些人一家子的经济来源却得不到任何答复，更谈不到政治上的情况了。所以按我们的了解，这里居民的政治情况应该是特别复杂的，有许多是小偷或有政治问题的；再者，这里离下关车站很近，要是有特务来搞破坏，马上便可以乘车逃走，到时候更无处可查了。

4月3号　星期一
（农历二月十七）

久盼着西北的人来，今天上午终于盼到了，但却使我失望了。我看到了许多同志，然而没有一个认识的。找来找去看不到继的影子，我长久以来的盼望，今天又失望了，更没有想到继真的改了行，他曾说过这样的话，却没有料想到他真的这样做了啊！唉，改来改去两个人总没有改到一起。我决不能因工作的不同而影响了我们的结合。

我们都跑过来看西北过来的人，和他们相比，我们没有经过战争的锻炼，而他们都经过了长期的战争锻炼，吃了不少苦。他们立下了许多功劳，但在紧张的军旅生活中，学习还是抓得不够紧，这也是环境给他们带来的不良影响。长期的战争环境使他们养成了散漫的学习作风，而我们原来的一套生活、学习习惯却和他们相反，这证明了我们在党中央的直接领导下是有成绩的。我们不会走什么弯路，也不会犯什么大错误。即使是死我们也要保持着党的光荣传统。

4月5号　星期三

（农历二月十九）

今天又是一天阴雨，我们的伙食也变成了三顿都吃大米。吃吃睡睡，再加上看点小说，这一天也就无聊地过去了。

现在离开了中央，才感到以前在中央的直接领导下，学习环境的确是太好了。有些东西在这里是看不到的，或者很晚才能见得到，一些政策性的东西更是不能及时见到，因此真是越发觉得，在中央的直接领导下，不管生活上如何艰苦，政治上和其他方面的学习却是最幸福不过的了。我们在中央机关的时候，还有人说学不到什么东西，这些在今天的环境里就更谈不上了。即便组织哪里都能照顾到，但这儿的消息总是比北京来的迟得多。在北京感觉不到学不到东西的苦恼，而今天离开了党中央，就深深感到还是在中央机关里好。我们现在正是需要有人来培养和教育的时候，所以我们需要教育比需要营养还迫切。特别是我自己，那样的无能，几年来在党的不断教育下才有了今天。我要一直跟着时代走，自己还得努力，否则就会被时代丢下。我们这次来南京，也是要从实践中得到更多的学习机会和锻炼的。即便是死，也是为人民而死，决不是为了个人或其他。死对我说来要有价值，那就是所谓"杀身成仁"，为人民而死，哪有什么留恋的呢？有时脑海中也在想，自己还没有替人民做多少事，还没有见到中国人民彻底的解放，但能为人民流尽最后的一滴血，也算尽了一个党员的责任。从个人方面来说，家中有别了几年的父亲和姐姐，他们时刻都期待着我回去看看；还有别了几年的余继，到现在都没有和他相逢，更谈不到个人的幸福了。曾有人说："怕死的偏偏死去了，不怕死的人倒从死里又斗争出来继续活着。"这就是说为了大多数人的幸福和生存，自己献出生命也是无限的光荣。当我活着一分钟，就应为人民工作一分钟，我有活的机会就争取活下。在这次战争中我如果没有死去，那我一定会得到今后的一切幸福的。不但我是如此，全国的人民都会有幸福的日子过。这次我一定会被派到海上去，在海港上虽不能和敌人直接的接触，但敌人的飞机还是会时时骚扰，不会叫我们有一刻安静的。

另，举一个例子来证明这里有多少小偷。有一天一个街警的钢笔被小偷偷去了，他把小偷团伙的头儿找来，限他多长时间将钢笔找来，结果他拿出了许多的钢笔。这也说明了小偷是有自己的组织的，只要他有心偷你，那你的东西一定就会被偷走的。

4月6号　星期四

（农历二月二十）

昨天我们参观"中山陵""烈士塔""明孝陵"等，到处都是古迹，但别的什么东西都没有。我们到每一个地方都有这样的机会参观当地的名胜古迹，的确很好，可是每次参观后都感觉没有什么收获，不去又有遗憾，所以不管如何只要有这样的机会我就尽可能去。集体活动多去一些，单独的行动则尽可能少去。

4月10号　星期一　晴
（农历二月廿四）

今天正式开学了，从今天起我们的生活也就开始紧张起来了，因此我们在思想上也需要紧张起来了，特别是对于学习的态度更是如此，如果学习的态度不正确那成绩也不会好的，因此在学习前的准备特别重要。五天的政治学习也是必要的，我们都来自不同的地区，组织对我们的要求和希望就有各种不同，需要分别加以教育。有的人认为这里很好，有的人则不然，认为这里是特别不好的地方，这正说明现在与我们以前所处的环境不同，所以现在的思想也就完全不同了。

4月12号　星期三
（农历二月廿六）

我们开始了五天的政治学习，大家的想法都差不多，特别是对将来回去与否，都有一点顾虑。在中机学习环境好，这里远不能比。现在我们是为了完成工作任务，学习是根本顾不上的。有的同志对海上的情况不太了解，以至于产生了"恐海"的思想。有这种想法，是因为我们战争观念不够强，为人民服务的立场不坚定，所以思想也总会动摇。

4月14号　星期五

（农历二月廿八）

咋天我们完成了政治学习，也开完了会，当我们汇报时大家都谈了谈自己的思想情况。情况很多，有的同志家中已经有爱人的，也有人本有老婆，但后来过世了，不知道怎么办呢？有的同志要和家中的老婆离婚，种种问题都存在着。有人认为来这里是没有什么前途的，在来以前就没有抱回去的希望。这样的思想是不正确的，需要好好做工作，弄清谁是谁非，开导他的情绪。

4月18号　星期二

（农历三月初二）

昨天和一个同志聊天，互相都提了一些意见：我对她的学习抓得很紧，但她有些自满，不虚心接受别人的意见。她看《三国志》，有人提出了现在不应当看这些旧小说，她却毫不虚心地顶回去了；别人叫她看些新小说，她却说："新的小说我都看过了。"叫人无法再提出意见来。我认为，我们并不能完全承认自

丑子冈带领保育员刚进北京万寿寺时的工作日志

己很懂历史，但现在我们所处的环境是不允许我们来读这些旧小说的。我们现在需要学习与要执行的任务有关的一些东西，尤其是我们刚到一个新的岗位，应该根据工作的需要进行必要的个人学习。有时间可以看看新小说和战斗小说，因为它可以启发我们的精神，加强我们战斗的意志。现在我们对战争一点经验都没有，从新小说那里多少可以得到一些东西，这是我们现在急需要的。我已看过《钢铁是怎样炼成的》、《日日夜夜》、《虹》，特别是保尔和安娜给了我很深的印象，有时间我还是想看类似的小说。

今天我们发了零用费。大家都和其他时候一样，不到三天就花完了。我认为并不需要买一些不是现时马上要用到的东西，决不是嫌麻烦，而是因为现在我们不在安定的环境中，随时都可能走，这些东西都不能带。再说物价也逐渐平稳下来了，买东西更不必慌了。

4月19号　星期三

（农历三月初三）

近日来总算感受到南方的气候是什么样子的了，

整日在下雨，气候又忽冷忽热，没有任何预兆。整日的学习使人见不到太阳，外面大街上到处都是泥巴。我真过不惯这样的生活。

今日我军登陆海南岛了，不久即将解放中国最南面的海岛了。这个胜利是解放台湾的先声，海南岛解放了，我军有了渡船作战的经验，就可以分一部分兵力来帮助解放台湾。海南岛的解放毫无疑问标志着台湾的敌人只有毁灭一个下场。我们应拿实际行动来报答党所给予我们的一切，拿行动来庆贺这一胜利。我们今日将技术学好，明日就有把握完成党交给我们的任务。

4月23号　星期日

（农历三月初七）

前天晚上（二十一日），发生了这样的一件事情，××同志因在技术测验时自己答得不够好，答完后就将卷子带回宿舍内重抄。这是小资产阶级的表现之一，特别是在大家用民主标准评定进修的好坏的时候，别人提出了质疑，她不加任何辩解而径直将答案撕掉了，因此更引起大家的不满。撕卷是很不对的，在组会上又没有很好地检讨自己，只是一味强调小组长的态度不好，自己不接受批评，只承认撕了卷子是错误的，但没有认识到思想上的毛病。这是小资产阶级的意识，不想叫别人说不好，只想站在别人之上，不虚心接受别人的意见。党的小组会没有解决任何问题，反而变成了两个人的争吵会，别人不能来讲话，更不能从中来调解。这样的会的确太无价值了，两个人对吵了一晚，都没有使她认识到自己的思想错误。会花费了很长的时间，她倒下了，两天不吃饭、不起床，似乎是得了多大的病似的。这给同志留下了更坏的印象，认为她真是太幼稚了，像几岁的孩子似的。但大家和组织都在精神上和物质上给了她很好的照顾。她受的教育也不少，同时也做过领导工作，自己不是不懂道理，理论上并不比别人差，但却做出这样丢人的事情。

这个事情的发生主要责任是在她本人，但后来组织通知处理此问题时也没有做好事先的准备工作。首先是没有把她的思想工作做好，整个小组的同志也没有把此问题弄清是非，到底那些责任谁负，所以小组会没法开下去。

昨天发了新的衣服，是新式的海军衣服，女同志都是白裙子。现在天冷，气候变化得很厉害，再加上我们一群人过去不是军衣都不愿穿，而如今弄了这种样式的东西，大家都不想穿它。我们现在都成了年轻的老太婆了，一群胖子，发的衣服和鞋子都穿不了。鞋似乎是给那三寸小脚的老太婆穿的，衣服似乎是专给那些杨柳细腰的小姐穿的，对我们这一群人说来一点都不配。当我们将那一套白衣服穿上，都一个个变成了"白衣战士"。

下午到了队部打了一个电话给司令部的报训大队找继，结果没有找到，虽然如此，我还是得试一下才放心。

4月24号　星期一

（农历三月初八）

今天决定放假一天，纪念人民海军成立一周年。这个假期真是无聊得很，本想写信，但又有诸多的顾虑：1. 发出去的信一封都没有回音，可能是我将通信地址写错了；2. 不知他们对继和淳香是否有所调动；3. 穿新的衣服的照片还没有洗出来，不好寄出去。因此今天虽然没有事，但也没去玩。

我离开北京将有一个月了，不知那边课程进行了多少，我们这边一天天地过去，放假也没有什么玩的，大家都感到无聊。这里星期六虽然没有像在后方一样晚上组织晚会的习惯，然而却比什么晚会都热闹，每个房子都变成了娱乐的场所，发出各种不同的声音，叫声、吵声什么都有，闹个不停。

4月25号　星期二

（农历三月初九）

为了庆祝人民海军的成立，南京的解放、井冈山×××一周年，昨天晚上召开了庆祝晚会，大家都很积极地参加，都准备了简单的节目。去年的今天到今年的今天（二十三号），南京从敌军手里回归人民，我们的祖国也开始有了自己的海军，到今天，我们已经有一支很像样的海军了，它将担当起解放全国人民的最后一战这样艰巨而伟大的任务。党中央和毛主席及三野的诸首长领导和全体海军人员（新陆军来的，原起义来的等）共同努力才有了今天这样的成绩。他们（海、陆、空都配合作战）的信念也增加了我们的信心，我们的工作做得好不好，也能影响战争的胜败，因此我们不应被胜利冲昏头脑，觉得有了把握就停止学习了。我们应该努力学习，掌握好技术，使战争不会因我们而受到影响或遭到较重的损失，胜利终归是我们的。我要争取在最后一战中立功，争取得到纪念章，克服困难完成任务，解放东南岛屿和台湾同胞，给党和人民争光。

看了《性的教育》后我深有感触，按照生理科学和老人们的说法，在应完婚的年纪，特别是男性方面，条件许可的话，就不应将结婚拖得太久了。拖久了，必然使男性受到精神上的影响，毕竟在年龄上和生理方面都成熟了。对男人来说，结婚是一件幸福之事；可是对女人来说，我觉得这是一件又幸福又痛苦的事，特别是生孩子，这虽是妇女必定承担的责任，但在我思想上总是想不通。妈妈也说将来可以把孩子送入托儿所，或送回家交祖母来照顾。这只能解决一部分困难，但多少总会影响工作和学习，加上自己基础不好，后果就更可怕。我深知老人们都时刻挂念着孩子们的亲事，处长也同长辈般关怀着我们，他谆谆嘱咐我不要将婚事拖得太久，但我坚信继不会着急。为什么？因为我们还有一件大事没有办，那就是蒋介石没有被完全消灭，台湾和东南岛屿的同胞们现在仍受着蒋匪的压迫。个人的幸福和人类的幸福是分不开的，也就是说只有全人类有了真正的幸福，我们才会有永久而坚固的幸福。

4月26号　星期三

（农历三月初十）

我们的生活作风总是拖拉得很，因此别人对二队的意见就很多。支部对此问题抓得紧，天天批评我们生活拖拉，没有过惯军事生活，总是带着那一套机关的生活作风。不久就发生了一个小事件。因为女同志的生理与男同志不同，在一些时候有些不方便，再加上许多男同志没有结过婚又不懂这些，所以女同志请假常是不向男班长去请假，而向我请假。我也没有重视此问题，觉得在例假期间参加早操没有任何问题，忽视了例假对人的影响是因人而异的，于是就产生了对个别女同志要求过高的现象，不准她们的假。事情过去了，也感到自己不对了。

5月1号　星期一

（农历三月十五）

我们学习的第一阶段已结束。在这一学习阶段中，我们小组总体上思想是积极的，学习也都很努力，大家在开课前订了学习公约，其中一条是争取在测验时保证全班平均分数在 70 分以上。经过两次测验，我们都保证了优良的成绩。在总结这一学期的学习时，大家都认为我们小组思想稳定，团结得好，小组领导组织得好，方式方法灵活。能取得这些成绩主要还是因为同志们思想好，情绪高，没有给组织上找任何的麻烦，因此我们也没有因思想问题分散精力，上至小组下至每个同志都没有因其他的事情而影响学习，所以我们就超额完成了计划，两次测验都 80 以上，平均分数 89 分多。当然我们还有些缺点，偶尔讨论时就能讨论出问题，尤其上周较多此现象出现。另外，我们两个领导者之间联系得不够多，常常等到开讨论会了，我们还没有将意见统一起来。讨论会用什么方法开，怎样开得好，这些事情没有事先商量好，开会的时候就会感到束手束脚的。我们的班长能干有办法，这是好的，但在某些方面他却实在有些幼稚，一点都不冷静，有时真像个孩子一样，脾气来得那样快。总的说来是大家都在进步，特别是在作风上，长进很大。

5月5号　星期五

（农历三月十九）

几天来都没有写一个字。这几天的事情变得真快，有许多同志陆陆续续地走上了工作岗位，我们也因他们的调动而感到不安呢。我们都想早日走上工作的岗位。

近日又发生了不少矛盾，特别是在团结问题上。虽然许多都是些生活上的小事，但大家继续闹下去，必定会走向一个不好的结果。很多矛盾的发生是某些人从印象出发的，不是站在一个正确的态度上来提意见的，特别不值得的是为一点一滴的生活小事闹个不停。现在有些问题的确是我没冷静考虑清楚，没能用很好的方式方法来求得问题的解决，使被提意见的人能接受。当我们班的同志向别的班提出意见，尤其提意见的人态度不够严肃、不够正式时，对方也不把这当一回事，因此搞得当场下不了台。这时我最不应该再讲，讲也解决不了问题，当时就引起了别人的反感。这个问题的主要责任是在谁呢？一方面确实是我不够冷静，另一方面被提意见的人也太不虚心了。他们不应强调别人的态度而应着重检讨自己。他们没有很好地检讨自己，而把责任推到别人身上去了。我就很怕和某人交谈，因为他屡次被别人提出意见都不好好接受。和他讲道理就是谈不清。

5月16号　星期二

（农历三月三十）

我们学完了《批评与自我批评》，大家都感到很有收获，自己知道了现在还存在着哪些缺点。大家都很诚恳地对我提出了许多宝贵的意见。我存在的缺点主要有：个性强；生活过于严肃；提意见或处理问题方式方法生硬；在某些问题上要求别人过高，有时在个别的事情上自己看不惯就讲了几句，可是使别人接受不了；多管闲事。这些都是一些老毛病，但自己没有很好地改正，也常常因此而碰了钉子。一方面这是一个性情问题，另一方面也是因为自己进步慢。

到了一个新的环境，碰到了一些新的问题，有些人在思想上起一点小波动，个别人还产生了很可怕的思想问题。有好些人怕死，产生此思想的主要原因：1. 个性弱；2. 没有弄清入党的动机是什么；3. 入伍的动机也不纯；4. 神经有些不正常；5. 政治上不开展学习；6.家庭观念较深。这些原因影响到同志的学习和工作态度，一碰到困难就不想办法去克服，觉得工作了半天再受到批评，自己在精神上就受到了打击。所以这次分配工作时很多人就哭了，他们最主要的问题还是没有为人民服务的坚定不移的人生观。

还有一个人则是失去了一个共产党员的高度的政治警惕性，在复杂的环境中产生了享乐腐化的思想，和一个老百姓女子搞来搞去，失掉了一个机要人员的基本品质。更恶劣的是，他对此只做了一般的检讨，扣了自己几个帽子而已，没有很好地认识他的错误根源。所以大家对他的报告提出了许多的意见。

5月19号　星期五

（农历四月初三）

前两天看到消息说上海有许多工人失业，没有吃和穿。我们是人民的军队，又是代表工人阶级的利益的，因此我们不能看着他们没吃的。我自己早就想要一支好一点的笔，一直都在为此攒钱，但我看到那个通知后，内心便起了思想斗争，结果还是大多数人的利益占了上风。我没有一支笔并不会有多少的影响，而反过来说许多的工友们拿到三百块钱就可以买一些吃的东西，就不至于饿得那样厉害，也不至使他们的孩子饿死。

另外，继的信也给了我鼓舞，我在他的鼓励下放弃了个人的私心。等上级一号召，我就捐款给广大工友，自己就不用了。

5月22号　星期一
（农历四月初六）

昨天又调去了十六个同志，过一段时间才走。但是现在这样的环境使工作调动的计划不能继续顺利进行下去了。有许多同志就发牢骚，说在这里还不如住在招待所，不学习就乱；还有的专讲怪话，闹地位、闹待遇等，到处乱闹，不管什么时候什么场合都是如此，不管和谁都是乱发脾气。现在的确没有工作学习的具体计划，人也不能很好组织起来，因此许多人认为即使现在不学习，将来也能完成工作任务。然而，只有技术水平而没有政治意识，是否能圆满完成任务呢？那是不可能的。学习是我们每个党员的义务，毛主席说："学习也是我们的职责。"不能好好学习就不能好好完成任务。在现在的情况下，自觉自动学习就是我们的任务。

5月25号　星期四

（农历四月初九）

昨天晚上，党委召开了全大队小组长以上的干部会议，布置这次学习的计划和讨论一些问题。确实，在支部干部中存在着某些问题，他们不敢大胆讨论解决，而在思想上认为大家都是一样，谁比谁都高不了多少，所以也没法来领导组员。就今天的情况来说，我们都在同样的基础和条件下学习，能力都不高，分别就在于我们是否能大胆处理力所能及的事。他们没有想办法在自己现有的条件下如何来替别人解决某些可以解决的问题，却把自己看成什么都不懂的人。他们没有把自己的责任负起来，工作不大胆，不能把下面的情况很好地转告给上级。如此看来，领导的能力和经验不是一下子就可以学好的。我们的支委都是没有做过领导工作的人，也不是一个地方来的，相互不了解，现在要领导这样的人，他们更是摸不到头绪。这时候自己要再不想去做，那什么工作都搞不好。

5月27号　星期六

（农历四月十一）

　　我们离开北京整整两个月了。自学习开始以来，许多人思想上起了不小的波动，这些波动经过一个时期的学习就又平复下来了。这次学习让许多安不下心来的同志们都安下心来了，从来都不能鼓动起来的人现在也开始好转了（特别是一、三支部）。大队的领导也深入了下属，在学习方面大家都在努力。我们随着形势的变化不断调整着计划。现在还不能很快到工作的岗位上去，然而环境也不允许我们继续学习下去了，所以组织上想让我们有选择地学一二本理论书。这是完全必要的，我们现在技术水平很差，在老革命遇到了新问题的时候，单凭现在的我们是不能顺利完成任务的，必须有坚强的政治后盾来保证技术任务在不断的学习中完成。当大家没有认识到此重要性时，对学政治总是提不起劲，特别是那些老油条们，参加工作很久了，总是不进步，到现在还在说土话，他们满以为自己可以了，实际上还差得远。我倒想为了工作好好学一个时期，正如毛主席说："提高自己的觉悟程度，弄通思想，是每个党员对人民不可推诿的职责，反之即是为人民事业不负责的态度。"我们有许多同志都没认识到这一点，所以组织上叫他学他还偏偏不，认为是给别人学的，说什么："我不给你学，看你能把我怎么办呢！"还有许多人什么都不在乎。近来这些人才有了初步的转变，然而成果能否得到巩固，就要靠领导干部和大家的共同努力了。

5月31号　星期三

（农历四月十五）

昨天接到妈妈来信，才知道她病了。之前很长时间没有接到她的信，我就猜要么是她开会去了，要么是她病了。今接信后果真是病了，我有些难受。她信上谈到要我的照片（已给），另外谈到家里要派人来南京来看我。这一点我不同意，现在我们各方面的条件都不好，要是谁来了总要招待，对组织来说是一个麻烦。在信里说说也是一样，最好是不要来。见面之类的个人问题，将来一定会有机会的，又着急什么。再者我自己可能还带有小资产阶级意识，认为家里来了人也不好说话，对家里的人也提出苛刻要求，让他们认为共产党就是这样有点不近人情。

6月2号　星期五

（农历四月十七）

　　学习《荣誉属于谁》。我长久以来有一些疑问：我们到底需要什么样的事业精神，自己的事业精神又如何呢？今天的学习不但讲明了什么是事业精神，更让我进一步地认识到自己有哪些地方做得还不够格。过去自认为文化程度低，就可以不钻研工作，今天则认识到了这是不对的，这是我们对新的事业精神不积极的具体表现，应该在自己现有程度和水平上来提出问题、找出问题、改进我们的工作。对于地位的看法也是同样的，过去认为地位越高责任越大越麻烦了，结果什么事情都做不好，既搞不好工作也搞不好学习。现在认识到这也是不对的，人民要求我们多为他们做些工作，不能因此而逃避责任；这也影响到个人的进取，倘若人不要地位了，觉得自己舒服无负担，就不努力不钻研，不时时总结经验改进现有的工作，更谈不到发挥自己的创造性了。我们应向人民负责，争取多做工作，不怕负责任，总结经验来改进我们工作和学习的方法，不停留在现有的水平上。

6月4号　星期日

（农历四月十九）

到南京后，我的确浪费了不少时间和钱。大家在这城市里都是集体活动，即使自己不和大家一起活动，也不能和在机关上那样想干什么就干什么。今天不同了，这是在军队了，一切行动都得遵守严格的纪律，再不能做自由兵了。要时时和小组在一起，否则会和大家的生活脱节，也不能照自己的兴致随意行动。我吃完了晚饭，被同志们叫去玄武湖划船，一面划，一面打水仗。这也是青年人的特点吧，到什么时候都是爱打闹的。

我同××同志谈到她的学习方法，说了我的意见：她学习抓得是很紧，可是学习方法要改进。她每天很努力看书，很少和同志们在一起谈天或者同大家在一起玩。每天都是如此，然而到底学到了些什么，收获是否大还是需要考虑的。别的同志对她也有同样的看法，觉得她学习努力，但收效不见得大。她自己是怕浪费时间，把学习的任务定得太死了，就容易发生偏离，收获也并不见得大。死学不能很好地调剂精神，也不会有什么好的效果的，特别是脑子，吃亏更大。我过去也有此毛病，经别的同志指点自己才认识到这样的学习方法是不好的，应当有适当的休息和娱乐来调剂精神，才能保证学习效果，否则白费力气，没有用。

6月5号　星期一　于南京
（农历四月二十）

情况的变化出乎我们意料，今天李处长又作了关于学习情况的报告，我才知环境是完全变了，我们的任务决不可能很快完成，甚至有可能完成不了。是否留下来或者调回去担任另外的工作任务，这得看中央的决定了，现在是很难说的。所以我产生了这样一些想法：1. 回去的话，觉得我们的任务没有完成，又什么都没有做，实在有些遗憾；2. 想到上海或祖母家去看一下；3. 回去也好，可以继续好好学习；4. 暂时不回去的话，就想在这里有系统地学一段时间也好，等到明年再负责其他任务。思想上，总觉得有些惭愧，对不起同志们和党托付给我们的希望。虽然如今客观环境不同了，更主要还是我们主观上不努力。

239

6月6号　星期二

（农历四月廿一）

　　根据昨天的报告，许多同志都有了"我要走"的想法。特别是一、三支部的（都是野战军来的同志，他们大多数和上级的关系不好，所以认为自己就是调皮，哪里都不想接收他们），他们的学习精神比较差，这本是不奇怪的，因为他们长期生活在下面，在学习上没有自觉性。他们的特点：在工作上从来都不调皮，有工作就干，没有什么啰唆的；在一些小事上不行，只求完成工作任务就好；什么都不怕，到处都吃得开，个性比较强，自满情绪比较浓厚。他们有实际工作的锻炼，有工作的经验，吃过许多的苦，这都是他们的好处。但现在需要在有实际工作经验的基础上提高理论了，他们弄不了这一点，也不好好学习，认为不学也能同样做好工作。现在到底谁走谁留，只有组织才知道，我们又何必自我猜测烦恼呢。总之我们到哪里都是为了工作的需要，留下的人也同样要担负起其他的责任。

6月10号　星期六

（农历四月廿五）

昨天接到了处长他们的电报，我们许多人都要调回中央去。中机来的几个人，绝大多数都被组织上点了名字，不只有一两个人会回去吧。不少同志都想回到中机去，认为中机学习环境好，好多人都想走。

6月14号　星期三　于北京

（农历四月廿九）

经过了三十二小时的乘车，我们又回到了首都北京，这是六月十二日的上午。这里和南京有许多的不同，和我们住的那个地方比更不一样了。南京那边住的人特别复杂，一切好像都有点不明来路似的，不像北京一样有组织有秩序（特别是街上一些拉车的人）。到了北京真好像到了另一个世界，为什么？主要因为北京是文化的古都，又解放得早。南京人民的痛苦是国民党造下的，但南京的人民都还没有觉悟，对共产党不够了解。

到后不久妈妈就打了个电话，知道她已经住医院去了，给小龙打电话也没有找到他。后来知道他也是去看妈妈，晚上看电影时才看到了他。他说，妈妈已经好了。我也就放心了。想抽时间去看她，但因我们回来后要总结一下工作，所以暂时没时间去。

昨天下午小龙还谈到一件事情，妈妈病了后很关心孩子们的个人问题，可能她怕病得厉害了没法做事，因此她要趁自己还能做事，给小龙找老婆。她同意小龙和兰芳建立起恋爱关系。但兰芳和另外一个人已经有了二年多的恋爱关系了，虽然他们两个人处得也不够好，但与小龙建立关系这种事弄起来还是不太好。还有一个问题，兰芳不太老实，在政治上还不能达到我们现在工作的要求，因此我不同意这件事。但我同意小龙的意见，拒绝她的追求，并向妈妈提议，小龙还小，现在正是需要学习和工作的时候，又着什么急呢。其实最主要的原因还是我不太喜欢兰芳，她不老实不朴素，在政治上进步不够快。结婚是一生的事，这个东西不像做其他的事，不成功就算了。我也不主张妈妈这样提议，还有一个原因是觉得弄得不好会影响她领导的威信的。

6月20号　星期二

（农历五月初六）

　　到科上来好几天了，但什么事都没有干，自己总觉得有些不愉快。什么都不能做，在学习上也没有固定的任务要做，所以觉得有些不痛快。自己在工作上永远需要提高，但现在找不到适当的工作在实践中来提高自己。星期日去看了妈妈和处长，他们都同意叫我到西北去工作，而我却没答应。为什么？我和继都希望的就是将继调回北京来一起工作，同时我还需要在首都多学习，再就是我还有个人愿望就是在结婚前能再专门学一个时期，好好提高一下文化程度才好，打下结婚后的工作基础。因此现在组织上有意将我送回西北去，而我的想法则是要求学习一段时期，在什么地方都可以，首都最好。根据现在的情况，留在首都应该是不难的，但组织是否会满足此要求的确是个问题。父母及妈妈和祖母总是希望我们早结婚和生孩子，这是一般长辈的心理，现在看来是暂时顾不上了。

　　我回想一下，一直以来都没有得到学习机会的原因是什么？主要还是自己争取得不够，如果自己坚持，组织始终还是会照顾我的。这一次是否又会失望，很难预料。

6月24号　星期六

（农历五月初十）

自上星期日看望了妈妈后，又回到了工作的岗位上。几天来一点工作都没有做，我有点不愉快，觉得自己现在还须在工作中来锻炼自己，可是现在的情况却完全不能如愿，因此产生了走的念头。

晚上和副科长谈到她与她丈夫的关系问题，我认为大的问题没有，主要是他在思想上没做好工作，在中机的威信也不高，所以想离开此地到另外一个环境里去，但因有她在这里，他走不了；另外一个原因就是她总是比他职位高，所以他在面子上有些过不去，加上他不会团结人，也就影响到夫妇的关系，也影响到他自己的精神状态。在我看来，主要还是他有浓厚的地位观念，骄傲，要面子，思想上不够进步，在老婆面前比较软弱，胆量又特别小。这是主要的原因，不但如此，我觉得是他是想找另一个老婆了。她已同他坦白说了，但他没有承认，所以我觉得她也没必要怀疑，就等着看情况如何再说，决不要没有充足的理由就提出离婚吧！婚姻大事，怎么能想结就结，不高兴了就离，不是那样随便的事。据我的了解，她对他的老毛病一直没有一点办法。应从思想上帮助他把思想毛病去掉，夫妇间的感情也就会日益好起来了。

　　另一件事就是石定提出要和刘凤莲离婚，这件事情又弄得我到半夜十二点都没有睡觉。他们已结婚七八年了，可是今天他没有理由地提出了离婚，为何结婚七八年后现在才提出离婚？在我看来，一是他俩属于家庭包办婚姻，另一个原因是她两个多月没有来月经（这是正常的，不是光有孩子才没有例假来），他便指责她将孩子摘掉了。这都是借口罢了，决不是什么正当的理由。他们的问题要经四方面的同意才能办。第一是组织上，第二是男方，第三是女方，第四是他的父母，现在只是他单方面的意见要离婚，仅仅才占了四分之一而已。意见也仅是意见，不等于有充足的理由，组织上不批准，叫他告到法院去也办不成。没有正当的理由，走到哪里都是要失败的，刘凤莲就不理他，叫他自己去闹，看他有多大的本事。要是真离了，哪有女人找不到丈夫的？她当然不怕，也不怕没有工作做，像我就只有组织没有丈夫，也是同样地生活和工作。重点在于不能让他那么放肆，想怎样就怎样，即便非离不可也不能叫他舒舒服服地离了。

245

6月27号　星期二

（农历五月十三）

昨天我写了一个报告，提出两个方案：一个是去学习，另一个即是回西北去。要求把我调走，的确也是给组织为难，我在写此报告的时候就想到了此点；第二个方案，组织上和同志们都不会有意见的，但我还没有下此决心回西北去工作。报告已经呈上去了，由他们去决定吧。如果再闹或提出另外的意见，就会使组织对自己有不好的印象，同时也会影响到妈妈的威信。所以即由组织决定好了。

我完全承认现在的思想有些波动，不想在这里工作，工作太少人太多；另外精神上总感到有些压力，总抬不起头来。再因组织上对某些干部的重视不够，使人总感到排除在了工作以外，觉得自己不是此机关的人。个人一提出意见来，上面就说你是为自个儿打算，使你再不能提出意见。特别是工作的久了的同志对政治、生活的待遇的意见很大。另外就是在军队中生活了很久的人做机要工作时间不长，而组织对这些人一点都不照顾，反而有时给他轻视的态度，导致他不安心工作。种种情况，不能很好地提拔干部、使用干部，不注意生活上的照顾等小问题也使人安不下心来。

昨天傍晚我同某某同志在聊天时，她说到她也不安心，想去学习。她常因一些小问题弄得精神不快。她对我回西北的事情，是同意的态度，她说知道现在许多人都叫我回到西北去，还问我为什么不马上去。这里在中央的直接领导下，听报告听指示是很好的，而去了西北两个人到一起了，感情就会日益增长，必须要结婚的，老这样逃避下去也不是办法。还是等组织决定再说吧。

6月29号　星期四
（农历五月十五）

今天弄得人好不高兴，为什么？我们科长在结婚，人家都井坑笑图个热闹，他却非常小气，弄得大家也不痛快。我和他开了一句玩笑，就弄得他不高兴起来了。我们说他双喜，是说他要学习去了，又加上结婚所以称为双喜，但他却怀疑别人说他因有了孩子才结婚叫双喜，所以很不高兴。

本来今天我想请假回家去，然而如此一走好像更不好了，还是过两日再走较好些。

7月5号　星期三　于石门

（农历五月廿一）

自三日下午五点后从北京出发到保定。真不幸
的很，因下雨，到高阳的汽车不通了，所以就准备
买车票到石门一趟，等天气好了，再回高阳去。多
亏到保定后有人介绍到军区司令部住了一夜，四号
下午才乘车到了石门，谁知又下雨了。然而要是没
来，可能又得在那里等不知道多久呢！现在就在这
里先住两天再说吧！出来了就是玩，现在不是星期
日，别人都忙着工作和学习。人就是这样，休息起
来没事干也是非常不舒服的，倒没有忙着些好。久
不回家来看一看大姐总是有些想念，但是住得一久
就会感到无聊了。

7月7号　星期五

（农历五月廿三）

来淳香家有好几天了，但总感到他们一切都非常
地忙乱，一天不知做了些什么事，大姐整天停不下来，

再加上私生活的很多事都堆在她的身上。特别是她的婆母神经不正常，管不了自己，一切都得要别人来管，大姐自己任务繁忙，加上身体不好，真是瘦得不像样子了。我总担心她的身体，她在家里虽然不受封建束缚，但除了自己本身应当完成的任务外，还是时刻都不能摆脱家庭的负担。在没有结婚前我家是很穷的，一切都得靠她操持，婚后还如此辛苦，我真是心疼。

7月9号　星期日

（农历五月廿五）

昨天淳香约我到街上去玩，我知她身体特别弱，因此就不想同她走得太远了，可是她总觉得自己没有什么活动的机会，更愿意多走走。我也愿走一趟，便没有干涉她，同她在街上走了好几圈。

晚上我两睡在床上，她就说起了在工作中如何带孩子，没有人重视反而说些不好听的闲话等琐事。再加上自己身体不好，更是不能干重活了。尤其眼睛看不清东西，这样就使她不能抓紧学习接受更多的新知识。除了工作外，私生活的事情那样多，所以她的病是不能一下子好起来的。

　　我认为她现在首先是要好好注意身体，第二就是要解脱私生活的负担，否则身体会日渐坏下去。除了她自己以外，铁志必须在可能的条件下来帮助她解脱某些痛苦，不然像现在这样一点都不管她，反倒还给她一些精神上的刺激。他什么都不懂，一般在下面的干部没几个能认识到女同志的痛苦，他们有很多不好的思想，对同志的看法完全没道理的，铁志也是其中的一个。我本想抽时间和他谈一下，然而就剩下最后的几个钟头了，他不知什么时候才来呢？今天谈不了，以后有机会定写信给他告诉他我的见解和认识。

7月11号　星期二

（农历五月廿七）

　　昨天回到了几年未回的家乡。在我来以前就做好了思想准备来听他们的牢骚话！当然我不能由着他们说下去，也不能反驳得太尖锐了，以他们的阶段觉悟，没有认识到将来的世界会如何变化发展，我只有给他们耐心解释。

7 月 13 号　星期四

（农历五月廿九）

昨天到了庆家佐村。看了看同学的家长们，但我做梦都没有想到的是看到了兰芝。几年都没有见面了，我们三个（我、史、马）在四五年以前生活在一起，她的家就是我的家，她的母亲似我的母亲一样。当我和她见面时真把我高兴得眼泪都落出来。但难过的是她的母亲不在了。我本不想到她家来，却没有想到兰芝和我会在这几年没到的地方相见。

但使我最难过的，是她的继母对她的态度。

7 月 16 号　星期日

（农历六月初二）

今天兰芝和她弟弟要来我家玩，快到中午了，他们都还没有来，不免对他们有所惦念。不知是何原因，她的继母总是对她不好，闹得大家都很不高兴，我们都替她难过。但我们又什么办法。当然她很快就能同我一道走了，而她的弟弟什么时候才能长大，不被她继母来用各种方法来欺负呢？他很有志气但终究还小，控制不住自己时就会被他们教坏，这是很可怕的。兰芝最关心的就是她的弟弟和大伯。

7月19号　星期三

（农历六月初五）

在家好几天了，但假期已满（昨天就满期了），不幸的是河里的水又涨得很大，河西现已决口，无法走到高阳。我要是昨天走了，今天就能到达北京了。然而身边的那些同学，我将她们留下就走，实有些过意不去。可是早和她约定好了，现在不能怎么办啊。她又带着另外一个老太婆，实在是不好行动了，没法跟我一起去。

下面的工作的确有些做的不好的地方，在某些村子里有许多干部不行，干部之间互相有意见，如八里庄就是如此。其他村的也有很多这样的，在军队里的人对家庭都有所顾虑。

7月26号　星期三

（农历六月十二）

　　回到处里又是一两天之后了。在我离开处里二十来天的日子里，这里多多少少有了些变化，增加了一些新人。昨天组织又决定了，调走一批人（22 名），赴东北工作。反正现在这个机关成了全国性的留守处了，同志们时而来时而走，现在也有许多人想到下面去工作。怎么会变成今天这样呢？我不明白。但每当有人调走时，同志们就有些情绪波动，特别是现在时局随时都在变化，一批批同志纷纷走向新的工作岗位，剩下的难免人心不稳。

　　我还未到处里时，就想着继的信一定会来了。但直到昨天晚上科长才和我说有我的信，我想一定是继寄的。他曾说过太因为幼稚而对我冷淡，对此我早就有感觉，但因工作和战争的关系，加上自己迫切要求进步，这几年来我生活得很愉快，没有因他不给我来信而苦恼。我总是替他着想，觉得他平时除了工作外需要很好的休息，决不能让私事来侵占工作和学习的时间。即使是他对我有些冷淡的时候，我也从未把它看得那么严重，也没有整天为此而不安。我认为感情是不能一下子建立得那么深厚的，我反对像爆竹烈火般的感情，骤冷骤热。感情的好坏使人开心或者伤心，只有慢慢地将基础打好，才会减少一些不必要的痛苦。我自己就是对人冷淡的一个人，不易与哪一个人发生感情。许多同志赞美我们这一对，也有人说我古怪。因为久未接余继的来信，有些同志说尽早从了他算了，我总是坚持我的意见，婚事还是战后再说吧！现在我还不着急，我需要的是工作和学习，而不是婚姻。

我思想上还是有个人英雄主义的思想，有强烈的上进心，不想离开中央到下面去工作，认为在下面学不到什么东西。我也知道一般男性的生理需求强，这是事实，可我对结婚就是有不好的印象，认为女的一结婚就完蛋了，除了生孩子，干不了多少工作，更别说学习了。西北最可怕的还是人少，生活散漫。这些都让我不想去那里工作。当然个人问题决不能急于解决，我们虽有五年恋爱史，可是在一起的时间特别少，在感情上还没有达到结婚的程度，这也是我不同意结婚的主要原因之一。我们不是没有感情，而是在一起生活和交谈的太少了。

7月29号 星期六

（农历六月十五）

前几天曾接到了南方崔炜来的信。他现在一点事情都没有，整日看小说，的确有点太无聊了。南京的物价有些上涨，他津贴还是那么多，除了烟外什么都买不到了。我记得我们在南京时照相花了不少钱，每次发钱都觉得花不了多少就可以照一张相，所以总是照，集中到一起就成了大数额的钱了。

昨天写信到南京，问继寄去的信到了没。现在是走还是不走呢？这是个很大的问题。现在走，天太热；不走的话，前段时间已告继我要去，怕他在为我担心。如有飞机的话当然是可以现在走了。我想到学校去的心总是未死，到了组织部我也要将这意见讲出来，不管组织上同意与否，我都接受。我并不是说这里的组织不让我去学校学习就是不好，也不是对组织有什么不满，组织在这里对我的处理是完全对的，并且我也没有什么意见。

7月30号　星期日

（农历六月十六）

下午去看了看妈妈，和她商量了一下如何走，我心里还是不大舒服。回西北去这是大家和组织上都同意的，可是在我心中怎么都捋不顺它。让我疑虑的是，组织上既然是要照顾我个人的利益，不如让我去学习比叫我去西北更好些。我有个念头，总不想回西北去，更愿意多学习一个时期，为党多做些工作。关于个人的问题，我很少想到它。虽然有时也很想念继，但经一番思想斗争又安下心来了。现在最大的问题就是自己感到非常空虚无聊，觉得自己没有本事，早晚会被别人抛弃的。我并不是说继会将我抛弃，不管是谁或者是感情多好，如果自己跟不上时代，这是必然发生的事。因此学习是最紧迫的事，至于结婚是早晚都得要结的。

8月4号　星期五

（农历六月廿一）

日子过得真快啊，又到了八月份了，自从八月一日晚开始到今天一直都在下雨，所以哪都不能去。这又有什么办法呢？本想在本月二、三号到城里去办手续，可是到现在此雨尚未停。每天过不见天日的生活，似如江南的夏天一样真讨厌极了。

8月8号　星期二
（农历六月廿五）

昨天下午一点钟回到了香山，和副科长又谈了一些事情。有些是组织上的问题，的确处理得不太好；有些是我们思想有毛病，且非一两人的思想问题。最近我深深感到这类人的确是不少的，大多数都是工作得较久的一些人，经常堆到一起发几句牢骚。个别的同志，因不安心而影响到吃饭睡觉，许多人闹头痛也是因为闹情绪才这样的。今天当我搬着行李走到等车的地方时，张培志征求我对他的意见，说他对工作的情绪不太正常，对工作不够安心。谈到这个问题时他就又断断续续地谈起了最近的情况，他主要有几个想法：不想干现在的工作了，想走；不想在中机了；对现在的工作学习觉得不实际，认为现在学的东西到别的任何一个地方都不能应用，因此就算学习环境不

257

错，但学都是空的。其实不止是他，不少同志工作到一定阶段，在思想上起了变化，今天我算是又听到了同样的话。我从南京回来后曾和他谈了一下，他并没有考虑我当时提出的意见。我从南京回来之后，并没有参加多少工作，对于情况也不十分了解，因此有些事情我很难说清楚。他们的确有个人的打算，但上级并不能都接受这些意见的。有些东西本来是很小的事，但会极大地影响到情绪。我自己倒很好满足，只要每天给我工作、有学习的时间，思想上就不会有什么波动。但这次回来，既没有给我工作，又不准我去学校，所以闲起来了，我也会想得多些。想了好久，有些事情还是想不通，反倒费了脑子，因此虽然没有多少工作但每天也累得很。

我决定过了十号走。这样的话，我这个月的津贴可以领到。本想凉一点再走，可是又怕余继在为我担心。

8月9号　星期三

（农历六月廿六）

昨天把东西全部都搬走了。昨天下午妈妈躺在床上，我坐在她的身边，她觉得我们两个（我和余继）的性情爱好习惯不同，恐怕在生活习惯上我还得要注意很多地方，如：一个好唱、吹等，但一个好看书不好唱。的确我们虽有四五年的恋爱史，但我们没有在一起生活过，互相之间的交谈特别少。我自信我俩在政治上是没有什么问题的，这一点是任何人都不会否认的。这次回到西北也不是他们所想象的那样一到了就马上结婚。我决不会这样做，我们还需要经过一段时间，让感情更深些，在生活习惯上更了解些，免得结婚后一个爱好这个，一个又爱好那个，为一些生活的小事情弄得两个人都不痛快。虽然因为个人的爱好和习惯的不同而影响到整个的爱情很不值得，但相互不让步总归不好。我知道我自己的性子很硬，有时会说出很难听的话来，很多地方都不如继做得好。

8月15号晨　星期二

（农历七月初二）

　　昨天本想早上七点钟回到香山去，可是当我走到候车处的时候，勤务员早下去了。我就将领路费的条子交给了妈妈，谁知她把条子给洗坏了。我只好又到中组部跑了一趟，受了批评，说假如把条子丢在外面了谁知道会出什么事情呢？我只好听着他们的批评，今后多注意就是了。

　　我搬来好几天了，平常都是帮妈妈做事，以前觉得没有什么，现在有时候感到有些不自然，到了一起也没有什么话可说，有些东西根本谈不来。小龙也有此感因而不太回来，妈妈又想他；回来了吧，又没有什么说的。我们不是做一样的工作，工作问题没办法谈，再加上上下辈的关系，有些话不太方便说。妈妈是很忙，不过有时她的确对我们有些冷淡；即使有话，也是想起什么来就是什么。现在是她想说就说，我们听着，反正我们是小一辈的，有些非原则问题任她去啰嗦算了。

8月21号　星期一

（农历七月初八）

　　一天天的总走不了，除了乱看一些书以外，真没有事可做。一个人就这样过着非常闷，所以在十五号的上午，我便到城里去玩了。这几天都没有什么东西可玩，走到哪里人家都要工作和学习，没人陪我玩，所以不管走到什么地方都只会更无聊。

去到妈妈家拿东西。我真没有料到小龙和妈妈都病下了（妈妈出血）。自己感到有些难过，这些难过又有什么用呢？我们不在这里，她想我们，可是我们在这里又能顶什么用呢？也只是给予精神上的安慰而已，其他的我没有力量来管，也管不了。当我和小龙提出意见的时候，妈妈总认为我们是小孩子，将意见压下去。有些问题的确并非小问题啊。妈妈将亮亮惯得有些不像样子了，时常和小龙闹得不好，别人也说不得。我们一年回到家里也没几天，反正亮亮快到学校去了，我们又何必叫妈妈生气呢！所以就采取不闻不问的态度，由她去了吧！

8 月 22 号　星期二

（农历七月初九）

昨天小龙到医院里检查，并没有查出病，下午他即回去了。中午我俩谈了谈关于妈妈的一些事情，有些话的确很难说。有时问题说重了不是，轻了又不是，她拿一句话就把人压下去了："十七的养不出十八的"，总之就是，你们是小一辈的懂什么呢？所以有些东西我们也无法再和她讲下去。只是有些问题我们并不见得是错的，她却不能接受我们的意见，说我们年轻懂得的东西很少。我们年轻是不错，但年轻并不等于看问题就不正确。我确实觉得她学习很不够，有时连报纸都不看，把问题理解错了，对一些事情的处理也就有了偏差。另外一方面是不能很快接受新的东西，不能及时改进工作。她和平级的关系也总是搞不好，主要原因何在呢？总没有很好地总结出来。

8月25号　星期五

（农历七月十二）

我过这自由郎当的生活将有二十多天了，真是没有一点意思。这样下去，一点好处都没有，对党对个人都没有利。这次的调动又使我失去了良好的学习机会，本来党内几次有名的学习运动我都没有参加，整党、整风、三查等，这次要整党我又要调动。自己刚到一个新的地方时总得经过相当一段时间的了解才能熟悉情况，别人也不会对自己有多大帮助的（主要是对自己的过去不够了解，现在又没有参加什么工作让别人来了解），所以自己也实感遗憾。我也知道这样频繁的调动对我的进步不利，回想一下这几年的工作，每在一处工作个一二年，刚熟悉就又调走了。我很讨厌来回调动，因为一调就得几个月都不能好好地工作，这就给组织、给个人都带来许多不必要的损失。这个月的五、六号就将手续办好了，可是到现在都没有走，我实在无话可说。十二号我领了路费和护照（准备好十四号走），上面又说不走了，闹得我很不高兴。所以现在我什么都不说了，什么时候走了什么时算。难倒我不着急吗？不是不着急，只是我实在没有办法，一个人走又怕妈不放心，不走吧也实在难熬过时间。我只有等待机会再说。

廖同志也老不能走，是什么原因？原来是孩子一直没有送入本院，而现在孩子已送来，还是走不了。据我的估计，只怕是因私生活的问题，在闹离婚。如果真是闹离婚的话，他们一定会将此事闹出结果才到西北去，那么我同他们走也是不太方便的。

8月31号　星期四

（农历七月十八）

我们于二十八号八点钟由北京出发，乘车五十一

263

个钟头，昨天上午十一点钟顺利到达了西安。好在一路上都有人照顾，到了这里去了组织部，给了介绍信，他们要发电报去查看继是否有所调动，可能派人送我去武都。我想只要有组织一切都可以解决的。

中午刘政委来了，他谈到这里的情况，说干部少，不能放走一个人。因为经济条件的关系，仍有许多人生了孩子就工作起来。家属多数是从来都没有参加过工作的，生了孩子就只有带孩子，没有其他工作可做了。西北的情况和别处的情况都不同，刚刚解放不久，民族又多又复杂，经济问题也得不到重视。这些在现在的情形下都顾不上了。这里和东北、北京都比不得，东北现在所有机关都没有一个家属，而北京只要有工作，带孩子的问题就可以解决。我不想来西北，也是有所顾虑，特别是结婚后，即使托上孩子了，工作仍然多少会受到影响的，要么就是让身体吃亏，别人也会对自己有不好的反映。这些我都不想了，已经来了就好好工作；如果有了孩子无法工作，那只有一条路，带孩子回北京去。我知道现在妈妈很希望我有一个孩子，因为妹妹已上了学校，我们离得又这样远。再一个是我们都大了，在精神不好的时候总想把自己的孩子接回来，得到精神上的安慰。

9月2号　星期六
（农历七月二十）

昨天晚饭后开着小吉普车在西安市内转了一趟，觉得并没有什么特殊的地方，但转一趟也就不算白到了西安一次。没有看什么古迹，街上的路也都是狭窄不平，虽然和一般的城市比较还算不错了，可是和北京比那是相差太远了。

昨吃晚饭时接到西组部的信。他们特别客气，说是已打电报去问甘肃省委或军区，并请我到组织部招待所来住，在那里要商量某些问题的话也方便些。

来西安两三天了，但总是休息，真是没有意思，总会想起亲爱的继，"很想见到您，亲您、吻您！"但自我发出最后一封信到现在，将有两个月了，我想他一定会担心的。为什么他还没有来信呢？我也很着急。离开工作快半年了，很想早日恢复工作和学习，精神总不大痛快，不想过这没组织的散漫生活了。可是我又不好催促组织，因为组织要忙的事情已经够多了，不想那么麻烦他们。

9月5号　星期二

（农历七月廿三）

到组织部谈了一下工作问题，他们说迟迟接不到回音可能是电报没有回复，我想来回的手续、反复查询也是费时的。还有一点，会不会查明继在何处工作时，组织会不想调离他而故意不给答复呢？这很难说。即使组织答应他仍留在武都工作，可是没有熟人他眼下也是动不了的。所以我就写了一信给继说明原因，并请他来宝鸡，望他接到此信后发一电报给西北局组织部。

淑清同志今天来看我，她和廖同志的婚姻日渐破裂，自我过来以后他们两个就闹得更厉害了。她谈起此事来伤心得不住地哭。我很难安慰她，只能同情罢了。他们的事情是这样的：她身体很坏，特别是生了第二个女孩子后，休养得很不好，所以现在仍未恢复工作，休息久了必然在思想上会有一些不好的念头，特别是在私生活圈子里，思想再好的人都是会变的，加上不学习，慢慢的就落后下来了。廖同志我不大了解，据她说："他性情很坏，因为我不能满足他私生活上的要求，他一到了大的城市里，在花花绿绿的世

266

界中有所感染，就又想讨一个年轻漂亮的老婆，为此不顾一切了，肆意到公园里、电影院里去玩。第一次到公园里，见到一个女的，他就答应在晚上九点还到那里见面，还把手表给了她。他晚上去了，却没有找到此人，于是他从白天到晚上甚至半天半天的都去公园等她，却从没有再见到那个女人。这次终于又碰上了那个女的，长得大大的眼睛，胖胖的样子，当他和她见面时就表现得特别亲热，而他就跟这女的一同去了她家，一同吃了饭，还发生了关系，他一次给了她二十元人民币，后来不知道还给了她多少钱。自我从新疆办事处搬来西北局以后，便发现了他寄往北京的信，是寄给那个女人的（假名王玉华）。我就开始检查自己的东西，才发现有许多东西不见了，手表、新的内衣，及两套新军服和钱都没有了，问题就此暴露了，所以我离开了他。"自此以后，她就没有好好吃饭和睡觉过，这样她的身体便一天天垮得更快了。今天我请她来同我住，可能在精神上她会好过一些。

我想这个问题不止是私生活上的问题了，已经违反党纪和军纪的原则性了。他做的事情就是变相逛妓院；他用欺骗的手段，对党不老实，对他的老婆不老实，还用假名字来胡搞；他犯了军纪，随便把军衣给了一个不了解的人；他失掉了一个共产党员的警惕性，为了一时愉快而不顾一切，不顾生命的危险，更没有注意到现在敌人正用各种办法来破坏我们的队伍，想尽一切办法来打进我们的机关，党和军队里来。这都是做得很不好的。

淑清同志有些地方做得也很笨，她将那个女的照片拿到手里就撕掉了。她用的是假名字，又没有固定的住处，如要想了解这个女的到底是做什么的，就很难再查了。如有照片那便是铁的证据，即便她的名字再不真都没有关系的。那个女人肯定是个骗子，是否会有政治问题很难说。我觉得淑清同志为了党的利益必须要把这些搞清楚。几天来她总是哭，但哭是最无能的表现，什么问题也解决不了。

9月6号　星期三

（农历七月廿四）

今天淑清同志没有来，却来了一信，说是来这里治疗不方便。不来也好，来了会影响我的学习和休息。

时常听到许多女同志对男同志有不好的印象，骂男同志中没有一个好人；我也相信有许多男同志抛弃原来的老婆再找一个，给女同志造成了许多的痛苦，这是不可否认的，但我不同意一概而论。什么样的人都有，有的好有的坏，有的修养好有的修养差。也有个别的女同志为了怜惜别人的幸福（爱情之第三者）而造成了自己的痛苦。曾有人说过爱情是决不能有第三个人混入的，更不能怜惜别人。如你怜惜他（她），得要自己吃亏的，自己的痛苦更无处可说。有许多同志那样信任他们的丈夫或老婆，甚至群众中都有了风言风语，自己却还是如此地信任他或她。我们每个人都应有忠实诚恳的作风，对伴侣应当彼此信任。可是我又觉得，有必要怀疑的地方，必须要怀疑，否则自己要吃大亏的。对自己的丈夫也得看具体的人品，看他是否真心爱你和忠实于你。有许多男的并不忠实于他的老婆。

　　这一天又无聊地过去了。这样下去只有坏处。

9月7号　星期四

（农历七月廿五）

　　现在一直都是没有事可干，整天休息着，和病了一样。正当年轻的时候又没有什么玩，整天休息着真一点意思都没有。当然这样有利于搞好学习，但心里总有些不安。希望自己早日走向工作岗位，这样拖下去一点好处都没有，只有坏处。

9月8号　星期五

（农历七月廿六）

廖同志去组织谈了一下关于电报的事情，毫无结果，从一号发出电报之日起他们就说过一两天即会答复的。而到现在整整八天了，却一字都没有回，弄不清是什么原因。是机要科工作出了漏洞吗？还是什么别的原因，使人很着急。我决心再等几天看看，如果老没有消息，又没有人去武都，我真不想在这里拖下去了，还是回北京去学习的好。到寒假时我可直接到亲爱的继这里来。这一切也可能是我在寂寞之时想的太多了。事情也决不会是这样的。一切都会顺利，只是时间的问题罢了。

9月10号　星期日

（农历七月廿八）

今天又下雨了。我思想上的斗争越发厉害了，今天给妈妈寄了一信，告诉她我现在的情况，左思右想还是决心回北京去。可是这样妈妈是否对我起一些误会呢？难免有的。但我想也不会有多大问题，假如这次回到北京去引起了我俩的矛盾，我应负全责，这一点不能怪别人。明天又星期一了，我准备到组织部去将此意见提出来。这两天我真有点睡不着觉了，不是现在还要等半个月的时间问题，而是无期限地等下去，那我是死也不干了。我在这半年中什么都没有做，如再这样拖下去就将我拖垮了，所以经内心的斗争还是下决心回北京去。这次回去决不是怀疑余继有了什么问题，我只是想回去学习的，别无另外的原因。最多是看到了这里许多女同志一生孩子就无法工作了的情形，有所影响而已。我也自信余继不会有什么不同的意见。继也再三写信说只要我有很好的政治基础，就是再等十年八年都是没有问题的。

9月13号　星期三

（农历八月初二）

　　星期一到了组织部，可是组织部的人却很不耐烦地敷衍了我几句。我知道这都是些生活的琐事，我这是给组织上找麻烦。可是反过来又说，组织工作就必须要管这些事，就不能当别人不了解情况的时候却不将情况说清楚。当然我也不会应因谈话的态度和言词而歧视别人。我也知道组织上对此事是很负责的，为此发出了两个电报（一号发往兰州，九号又发往武都叫那边派人到宝鸡地委来接），这足已证明他们是关心我的问题的。只是自己在不了解情况的时候总想知道是怎么回事才放心。

　　这两天来很沉闷，电报就发了两个，信发了一封，时间都不短了，特别是九月　号的电报到现在一个字都没有回。我的信他应收到了吧？即便电报没收到，但是信中却应说清楚了吧？或者是因工作忙不能管？绝不会是这些原因，继工作再忙，也要理一下我的。或者说他还未接到我的信，甚至信在路上失掉了（现在这样的情况很少）？我现在是有些着急，有些不安，主要是因为我没有其他事做来分散注意力，所以特别地感到寂寞又无聊。没有回音我并没有觉得是继的原因，而是电报的问题。电报中是没有说清楚事情的；电报两次发往武都军分区司令部，抬头都说他是在做机要工作，可是他并没有做机要工作，这就是又一个错误，机要科当然找不到人的，这样无形之中就会误了几天的时间。有人问我，他是否会将你甩了？关于这一点，我没有说什么，我的事情我自己管。在给继的每封信中，我都是很诚恳的，继也是，并没有丝毫值得怀疑的地方。但日子久了，继接不到我的信，又没有任何消息，他误会也是可能的。等收到电报或者信，一切都会明了的。正像《远方的未婚夫》那样，她给他发电报，却被电报员给压下忘记了（电报员爱打球，打球打得忘了）。当他到电报局问有无他电报时，电报员说没有。他生了气，走到自己的朋友家住下。当她开着汽车来接他时已经找不到他了。后来还闹了许多误会，到最后电报被退回来了才真相大白，她亲自到他的朋友家将他找到才弄清了一切。我们和《远方的未婚夫》故事中人的不同就是我们完全依靠了组织，一切都是组织来管理，事情的周折也不是那么简单。

淑清和廖同志他们这两天也没有来，我也懒到别处去了，两天都没有出大门了。他们想叫我搬去住，免得一个人太寂寞了。我想到那边是好点，但他们一走我在那又算干什么的呢？所以就拒绝了他们的邀请。

9月16号　星期六
（农历八月初五）

　　昨天本答应了淑清同志去她那里玩，可是因例假来了，还是量多的一天，就没有去。谁知他们一直在等我，等了好久都没有等到，所以今天我又去了。他们对我很关心，可是我时时感到不安。今天廖同志给组织部打电话时，电报仍未回，使人有些着急，因此他又想叫组织部去第三次电报，打给主要负责人，将此事弄清，再回个电报。我拒绝了廖同志的提意，不要私人打电报。为丁我们，组织已经发了两个电报提关于信的问题，我不想给组织添麻烦。继不能来接我，也会影响工作和学习，同时也会影响大家，我不想为了个人而影响大家。同时继也不会为了个人向组织上提出任何要求，再加上他是刚到一个新的工作岗位上，别人对他尚未了解，自己也没有做多少工作，很难讲话。继就是从来都不想为个人而向组织上提出任何要

求的人。我认为这样做是完全对的，个人问题应放在
最后，不向组织上提要求，这是我们每个党员应当做
到的。非常感谢组织上对我们的照顾，但的确有时感
到不安，自己没有做多少工作却给组织上增了不少的
麻烦。我正当年青又没有任何的牵连，想早日走上工
作岗位，整日这样休息下来真是受不了。现在是否能
赴武都结婚自己很犹豫，如有头绪很想回北京去。如
果能去继那里，我也不打算马上就结婚，先要把工作
搞得有点成绩，或把工作和情况都熟悉了以后再说个
人的问题，否则影响会很不好。这次到西北来，主要
目的是和继离得近一些而已。我不想和继在一个单位
工作，因为两个人整日生活在一起并没有什么好处，
日子久了必会产生分歧，或为了一些生活琐事而争吵。
有关工作的一些问题，一切都按照党的规矩处理，其
中要是有什么处理得不太好，人们就马上会讲。我不
想再做译电了，自己文化基础不大好，脑力也一天天
差了，过去工作的经验也与这无关。主要还是脱离工
作时间太长了，一切都不熟悉了。现在机要工作者工
作任务不多，可是人员日增，不缺我一个。

　　继，这次也请您原谅我，饶恕我，我并不是不想
您回到妈妈的身边，也并不是不想在党中央的直接管
理下学习和工作。今天不是得到您的同意而来，但妈

妈总是催中组部，把我从南京架来（本来南京不肯叫我们回北京，因电报指示只得如此）。我曾拒绝了组织上多少次提议来西北工作。但妈妈催促我，如果老是这样下去恐对妈妈的威信有所影响。虽然组织上是都了解她的，但她为了私人事情这样总不好。起初我坚持着您和我的意见，不来西北工作，后来组织上和同志们都说下去工作一时期也好。再加上半年来总是调动，人安不下来，所以就未求得您的同意而自己决定来了。但我也决不会影响您的工作和学习，也不准备马上结婚给大家一点工作都未做就首先关心个人问题的不好印象。

9月18号　星期一

（农历八月初七）

昨天没有什么事，哪里都没有去，甚至连门都没有迈出去。本想不记日记了可是还要稍写一下。淑清他们很关心我，我很感谢他们。他们有一些毛病需要改正的，我也给他们提了。我觉得我的说法并不尖锐，可是我和他们相处不久，又没有一起工作过，还是不能那样一下子提出来。

　　组织部告诉廖同志，余继就在武都。我想他也不会调动，但奇怪的是为什么本部发了两次电他却一字未回呢？继是不会向组织上提出来要接我的，也不好提出叫别人来接，因为继在任何问题上都不会向组织上提出个人的要求。这样做是对的，我决不怪他，现在我耐心等就是，决不再催促组织了。我们有依靠，组织什么问题都能解决的。要是中组部把我介绍到西组部，一切都交给西组部负责了。我曾去两信告诉他发生的一切情况，看他的意见如何呢？我们决不能按照妈妈的想法去做。不久我们俩就要在一起工作了，却不能马上就结婚。妈妈知道我不同意马上结婚的，所以她什么时候都未直接催促过我，一直到我这次离开北京为止。她并没有为继提出来结婚的事情。我们不是空想家只恋爱而不结婚，然而我个性是较强的，是不会一下子说得通的。结婚总得要结，只是早与晚的问题。到了西北后，我的感触很多，很多女同志结了婚生了孩子，只有拖上孩子工作。家属问题组织上不想法解决，自己就更无法解决了。经济条件下有所限制，因此我是结得迟点好。再者，我们虽有了四五年的恋爱关系，但在一起生活的时间不多，并没有很了解对方，所以我们还是在一起生活一段时期较好，思想、生活、个性等都应再深刻地加以了解。随着感情日益加深，到一定的时候，就必须要解决婚事了。也就是说现在正是婚前的准备时期吧！

9 月 20 号　　星期三
（农历八月初九）

今天很闷，想到淑清那里去玩。然而我觉得他们每天似乎都是围着生活的问题转，不是这里生活好啦，就是那里生活坏啦，不是这里的组织对干部不关心了，就是那里组织上对他们的家属不管了，等等的话。我真不想听这些话，觉得太无价值了。但这些问题反映出干部主要的思想问题，有些是领导上的问题，有些是条件和环境的限制。特别是女同志生了孩子以后就不能工作了（我不只一次写到这一点），这的确是一个大问题，许多人都有反映。思想上的问题就更多了。我虽然答应祖母和妈妈的提议，早日结婚，但看到了这里有许多妇女同志因结了婚生了孩子身体就垮了，还是很担忧的。这个情况在西北普遍存在，不是很好解决。

今天未料想到组织部打来电话叫我去，所以刚刚回来就去了。人很多，我就等了一会，他们才把叫我来的意思讲了一下。主要是兰州省委有人来开组织会议，据说他们两个电报都收到了，但不知是否转到武都去了。再者知继确实在那里工作，因此在十七日又发到武都去一电报，不知什么时候才回电。这怪谁，只有怪我，我不应当坚持着自己的意见，但确实又怕影响妈妈的威信，我两头为难。来以前我就知道到了西安再向下面走就困难了。对于继我是没有什么地方可以怀疑的，他不来接我我倒觉得完全对（我曾对妈妈说过），所以我决不会像别人所说的那样"不亲自接来就不去"，这样是不大好的。现等一等武都的电报，再就是等妈寄来的信，看她的意见再决定吧！我现在也不同意组织部所说的来了就不要回去，但是现在他们不派人去送，那里又收到了电报，得等到什么时候呢。我意思再等几天一切看情况来决定（看妈妈意见），决不死板。我回去了继也不会有多大的意见，在交通方便时我一定来，按照祖母和妈妈的要求结婚。

9月24号　星期日

（农历八月十三）

休息真没有任何意思，出去玩一玩也无处可去，只有廖同志和淑清那里。可是他们总是吵架，有时弄得别人很难为情，去了也无话可说，因为是他们两个人的事。因此我宁愿在家里看点书，也不想去他们那里玩。有时我觉得吵得很无聊，淑清已在家多年，在思想上已经落后得不可说了，也有些依赖的思想。有的同志说她现在怕离婚，离了婚，凭她工作的经历和能力，组织上是不会给以那么多的照顾的。除此之外身体不好也是原因之一吧！

现在关于电报的事始终都没有头绪，只知有些电报只发出去就要回电，可这次一直都未有回电。我们的情况和别人的情况不同，也无法叫谁来彻底了解我们，这些事情叫他们了解了也没有什么多大作用，所以我现在坚持要回北京去。有人可能对我的意见有误解，认为是否是因为生了继的气或者从此两个人的感情破裂了呢？完全不是如此，当别人不了解我们时他们会这样想的。我倒是很有底的，继始终都不同意我来西北工作，而我也不愿意来西北工作的，妈妈也希望继回北京来工作，当然这些情况中组部会详细地了解的，这里的组织就不知道了。九月二十三日我写一信给继，告他详情，为种种原因我来西安，正如小龙所说，经过了重重麻烦。这一切由我负责，我并不埋怨组织，也不会埋怨继，更不会误会他对我什么不

好的想法。我自己的想法始终是一不想来西北，二想
回到学校里学习。

9月28号　星期四

（农历八月十七）

一天天过去了，什么都没有头绪，这几天眼睛有
些不大好，有时无故地痛或流出泪来，特别是在床上
看书或休息时发作厉害，不知是什么原因。躺着看书
特别对眼睛不利，也可能有沙眼在作怪，结膜发炎
也有可能。前天见到了妈妈的回信，她不同意我马
上回去，可是她不了解这里的情况，我又有什么办
法，一封信来往就得十来天，我二十一日的信她又也
回了吧！她提议叫组织部打一电报再给武都，我不
同意，因为组织上打了三四个电报都未回电，也没有
其他的办法来处理。昨天廖同志去组织部将我们的情
况和干部处长谈了一下，他们又是叫等几天，和甘肃
组织部长商量一下再说。在这样的情况下着急又有什
么用呢？只好再等上几天，本来希望就不大，再等
上几天或许会好些，如早走几天可能会引起大家的不
满，所以我决心再等几天，到时候再回去谁也无话可

说了。

今日发一信给妈妈并把廖同志所做的事报告中央，以免万一发生什么意外使党遭受不可弥补之损失。本想等我回去时再说，可是不知道哪天才能回北京呢。我不能让有损害党的利益的行为和思想存在，也决不能让自由主义发展下去不管。我晓得廖怕我知道了此事，难道我真的不知道吗？其实不然，只是装作不知而已。他们对我的关心我很感谢他们，这是私人的事，并不能为此把原则的问题放过去，那是不成的，即便他发觉了我知道了，不再管我的事，那都没有任何关系，有组织就什么问题都能解决。

我认为她（淑清）对婚姻矛盾的处理很无原则，表现得极无能、软弱，只是哭闹，弄得自己身体不好，还是自己吃亏。她个人生活要求高，对组织不满，依赖别人，所以她不能坚持原则，又不敢真正与廖坚决地离婚。

10月1号　星期日

（农历八月二十）

真是闷得很。今天是中华人民共和国诞生的第一个周年纪念日，可是我真没有想到会在西安来庆祝它，本应该高兴的事，但是却感到有些不大愉快。在这里住着没有工作做，觉得太无聊了。脑子里总是乱，真没有想到散漫的生活会过这样久，人一闲下来就会想到其他杂事。人最大的愉快就是工作，紧张的生活使你感到更愉快，忘记一切个人的杂事，时刻都注意着不要为了个人而影响工作和学习。在机要处时李处长总是叫我到西北来工作，说了好多次，不胜其烦，后来又有别的问题，使我讨厌他对我的关心，我忆起了他的话就越不想在那里生活下去。当我拒绝他的提议时，他却说："谁叫你找了一个他（继）呢？"我想不通，难道我找错了人吗？不，我就是爱他，谁都不能干涉的，我没有找错了他，我觉得自己很幸福。继从来都没有催促我，一切我都很清楚，是妈妈想把继调回北京来，而李却偏偏相反非把我送到西北来。他总认为做妈妈的无权力调动儿子，甚至连提出建议的权力都没有。我认为就不应该调继回中央来，可如果我总是坚持这个意见，会对妈妈的威信造成影响，因此就想离开机要处。它既然不需要我在那里工作了，我又何必赖着不走呢？整天没有工作可做又像什么话呢？他以为，对我们关心，会让我和余继及妈妈都满意，可是不然，我讨厌这样的关心。等我回到了中央，一定把一切情况讲清，为什么会造成今天的麻烦。

再等今天第四个电报。如没有回电，组织部也无话可说了，只有让我回去，另外叫甘肃省委及司令部负责，尽可能把继调回中央去，除此以外再无其他了。现在就要把话说清楚说死了，再调继时他们就无任何话可说了。虽然我的确给组织上增加了许多麻烦，但还真没有见过这样不负责任的人。

妈妈有一次催我时，我说路上不好走，她却说可以坐飞机，现在她又有什么办法呢？当组织上催我来的时候，我曾表明了态度，把继有关此问题的态度也给他们说明了。但是他们却以为继说的不是真心话，又不好意思问我有关我来的事。我却认为继说每句话都是诚心的，决不像别人所猜的那样，心里想的是一套而写和说的又是一套。我自己不会这样做，更不愿去猜别人的心理。我晓得这次回到北京对谁也没有什么可说的，别人也别猜了。

10 月 4 号　星期三

（农历八月廿三）

真是巧，也真没有想到，今天到了组织部碰到了武都来的石秘书长，我知道了原来是兰州转电报时转错了，因此接的人未找到我，当然使继他们着急了。但那又有什么办法呢？组织还是很关心我们的，还有什么话可说呢？

今天我回北京的念头算是打消了，本想今天再没有什么消息的话我就要办手续下午五点钟走了。现在是回不去了，但是回到党中央的直接领导下的念头是永久都打不消的。

接到了继让别人带来的两封信，很多事情他也早就准备了。到他处后，我先到什么地方去？我曾经想过并且也决定自己先到组织介绍的地方去，让领导决定放我到比较适当的地方，一切都安排好了再说，这是第一步。第二步就是要确定工作，等工作就绪了以后再说个人私生活的事，如果刚来了什么都尚未做就提出个人的要求会影响别人对自己的印象。既然我们已经经历了几年的离别，这样长的日子都过去了，再等一小段时期也是可以的。

石秘书长也谈到西北的一些情况，特别是家属问题，许多干部不满意。他谈到许多同志都不想做妇女工作，有些女同志思想上不接受，也有许多男同志看不起妇女能做出什么成绩来，再加上领导也不太重视，就造成了现在的情况。这也让我有点烦恼了。

10月8号　星期日

（农历八月廿七）

几天来都没有什么事，所以就懒得记了。常和徐科长、石秘书长他们见面，他们有时就谈起和继相处的时候的事，由于继高度的积极性，大家对他都很有好感。本来积极也是我们应当有的工作态度。妈妈曾因我俩的个性不同而担心搞不好，我爱看书不爱玩、唱，继却是爱唱、玩。我曾同妈妈讲，一切都是会变的。据今天他们所说，继并不像小时那样爱唱了。我觉得即便两个人所爱好的不一样，各人都有保持爱好的自由，这是没有什么关系的。

10月17号　星期二　丁临县

（农历九月初七）

自十月十一从西安出发，一路上都还好。十四号抵兰州，一路上男同志们对我们几个女同志都很好，我们不分男女和民族团结在一起，表现出伟大的阶级友爱，也就像某某同志所说，"我们虽然只在一起住了几天，可是就有了不愿分离的感情。"他们是党短期培养出来的西北党校的学生，都是那样活泼、大方、正派。当然都是些青年人，有时有些急躁，讲些不好听的话，经别人提出了正确的意见后，他们也放弃了自己的意见。所以一路上都使人感到很愉快。当我十五日离开他们时，他们将我的东西背上，一直送了五六里路。最后分别时，我表示只有拿努力工作和学习来报答你们对我的帮助和关心，谢谢你们，大家再见。他们同样回答我而开玩笑地说着："我们拿努力工作和学习来庆祝你们的婚礼！"

自十六日离开兰州，遇见出席代表会的同志，和前几天一起坐的人完全是两样，他们每时都在乱七八糟地说个不停。特别是其中一个人过去是国民党军队的一个师长，真是一个大流氓，什么他都说得出口。我是不参与谈话的，也不加以干涉，但有时真是听不下去，正如张某所说的，这里的人就是一点礼貌都不讲的。这两天的路特别不好走，在三年前我曾走过这样的路，那里路比这路还难走。可是现在和那时有绝大的不同了，那时我们自己人开着自己的车，路再不好走也不会担心的，不管多高的山都会安然通过。今天却完全不同了，车夫都是不负责任而故意捣乱的，不但借口路不好走，还故意将车开得不稳，不断地停车。本是一天的路走了两天，今天十二点就住下了。

11月12日　星期日　于武都地委
（农历十月初三）

我自到了武都，未做什么事情，自己也觉得有些不大痛快。现在的情况有些特殊，不能很快明确工作的任务。

对妇联的情况多少了解了一些，确实有些问题很难办。自己从未做过群众性的工作，对某些干部也不够了解，加上自己缺乏工作的能力和经验，总感到工作有点不大好搞。今天也做好了思想准备，妇联工作很累，也很难处理。

今天晚饭后开了一个四个人的会，谈了一下干部问题，也谈了一下现在的工作问题。当时我就有点不大满意，他们都没有什么准备，怎么就乱谈呢？有些问题本来就不需要谈的，还拿来谈。有些人就是劲头上来了，却称不起那个职来，自己又不甘心，而引起工作不安心，对组织上不满。谈到我的工作问题，说是等到安梅英回来再说，又说到缺少宣传什么的。当时我并没有说什么，但在我马上产生了两个想法，一个是正副主席都有了，我没处放；另一个是这里的人对我不大了解，不知道作何安排。本来宣传部就有人，把我放在哪个位置上都是一样的，只要我能做得来就可以。现在妇联的工作主要是领导的问题。有觉悟的人不管是什么职位都是同样工作，提出正当的意见，从各方面来改进自己的工作；对工作不满的人就会产生顾虑，作得多了，引得别人说怪话。

11月24日　星期五

（农历十月十五）

今天决定了，我们都下乡去工作，宣布了现有人的分工。在上一次开会的时候就说让我到宣传部去，当时我思想上有点毛病，到现在都未得彻底想通。知道自己有点闹地位观念，想不通的是当时部长到底说了些什么，今天的分工又是如何确定的呢？有时真看不下去这里一群人的工作状况。我有些着急，认为工作差得很，上面领导不起来，一切工作都由秘书来掌握。更重要的是自己看不到自己的缺点，在写报告时缺少分析，只是一加一等于二的写。在黄说来，宣传很重要，其他当然也很重要。今天和崔谈到工作时她说："妇联人都装满了，没有几个干事的，安、高、王文化都特别低，妇联的干部不但是文化水平低而更要命的是政治理论水平差，重视文化而不重视政治也是不对的，这样下去一定会犯错误的。"我经过几天的思想斗争认为要把现在的工作做好，是一个艰巨的任务，着急是没有用的，闹地位也是错误的思想。做一个党员就应多做少说，更不应计较地位的高低。当别人不了解自己时，分配得不那么恰当也是很正常的，我不应为了这些而影响自己情绪，一切事情都会有得到解决的时候。